Este livro pertence a:

_____

Maternidade sem culpa

Editora Quatro Ventos
Avenida Pirajussara, 5171
(11) 99232-4832

Diretor executivo: Raphael T. L. Koga
Editora-chefe: Sarah Lucchini
Coordenação de projeto: Rebecca Gomes
Equipe do projeto:
Manuella Vieira
Priscilla Domingues
Débora Bezerra
Acsa Gomes
Isabelle Ferreira
Nathália Bastos
Equipe Editorial:
Brenda Vieira
Isabela Bortoliero
Natália Martins
Paula de Luna
Rafaela Beatriz Santos
Revisão: Thayse Mota
Ilustração: Victor Galdino
Diagramação: Suzy Mendes
Coordenação do projeto gráfico: Ariela Lira
Capa: Vinícius Lira

1ª Edição: outubro 2021
1ª Reimpressão: setembro 2023

Todos os direitos deste livro são reservados pela Editora Quatro Ventos.

Proibida a reprodução por quaisquer meios, salvo em breves citações, com indicação da fonte.

Todas as citações bíblicas e de terceiros foram adaptadas segundo o Acordo Ortográfico da Língua Portuguesa, assinado em 1990, em vigor desde janeiro de 2009.

Todo o conteúdo aqui publicado é de inteira responsabilidade dos autores.

Todas as citações bíblicas foram extraídas da Nova Almeida Atualizada, salvo indicação em contrário.

Citações extraídas do *site* www.bibliaonline.com.br/naa. Acesso em outubro de 2021.

Catalogação na publicação
Elaborada por Bibliotecária Janaina Ramos – CRB-8/9166

M425

Maternidade sem culpa: a beleza e a leveza de ser mãe / Lívia Bember, Juliana Rezende, Ana Paula Valadão, et al. – São Paulo: Quatro Ventos, 2021.

    Outras autoras
    Kelly Oliveira
    Julyana Caiado
    Jackeline Hayashi
    Paulinha Leonardo
    Ester Lara

216 p., il.; 16 X 23 cm

ISBN 978-65-89806-19-6

1. Mães. 2. Maternidade. 3. Cristianismo. 4. Leveza. I. Bember, Lívia. II. Rezende, Juliana. III. Valadão, Ana Paula. IV. Título.

CDD 248.8421

Sumário

7
Apresentação das autoras

13
Texto inspirador

17
De mãe para mãe

21
CAPÍTULO 1
A maternidade começa pela paternidade

43
CAPÍTULO 2
O processo de gerar (natural ou espiritualmente)

59
CAPÍTULO 3
Visite seu passado

75
CAPÍTULO 4
Puerpério

91
CAPÍTULO 5
Ressignificando o tempo

109
CAPÍTULO 6
A maternidade não é solitária

123
CAPÍTULO 7
Maternidade guiada pelo Espírito Santo e pela Palavra

139
CAPÍTULO 8
Sem culpa ou medo de errar

153
CAPÍTULO 9
Cuide do seu casamento

167
CAPÍTULO 10
Ser mãe também é cuidar de si

179
CAPÍTULO 11
Comparação

193
CAPÍTULO 12
Reconhecendo a mulher que você já é

205
Reflexão

209
Deixe seu legado

Apresentação das *autoras*

— Apresentação das autoras —

Ana Paula Valadão

Ana Paula é cantora, compositora, pastora, escritora, mas, acima de tudo, afirma que seu primeiro ministério é ser esposa do Gustavo e mãe do Isaque e do Benjamim. Ela e seu marido são pastores há mais de vinte anos e serviram na Igreja da Lagoinha em Belo Horizonte. Em 2018, iniciaram a Igreja Diante do Trono no Sul da Flórida e continuam realizando parcerias ao redor do mundo por meio da Missão DT. Seu coração queima pela Igreja, pelas nações, e pela família, sendo este o motivo pelo qual decidiu compartilhar suas experiências com a maternidade neste livro.

Ester Lara

Psicóloga, pastora e fundadora da ABD (Associação Beneficente Dínamus), Ester é esposa de André Gallina e, juntos, pastoreiam a Igreja Dínamus em Santo André. É mãe de três: Maria Eduarda, adotada aos dois anos, Bernardo, gerado pouco tempo depois, e Ana Clara, adotada quando tinha quatorze anos. A maternidade para ela chegou de maneira inesperada e trouxe vários aprendizados, os quais ela compartilha nas redes sociais, como as experiências com seus três filhos, os desafios, alegrias e rotina.

— Apresentação das autoras —

Jackeline Hayashi

Jackeline é uma nordestina arretada que precisou abrir mão de muitas coisas para deixar Deus construir a história que Ele queria em sua vida. É esposa de Lucas Hayashi, segundo ela, um homem lindo e cheio de Deus. Mãe de dois filhos incríveis, Matheus e Bianca, Jackie ama o Senhor e luta para obedecê-lO diariamente, agindo com fé e sem medo na sua maternidade. Escritora nas horas vagas e pastora em tempo integral, ela também lidera o ministério de crianças de sua igreja local, Zion Church e, junto com o seu marido, influencia ministérios infantis de igrejas pelo Brasil inteiro.

Juliana Rezende

Juliana é bióloga, mestre em Ciências Ambientais, doula e educadora perinatal. Pastora da Igreja Tehillah, em Taubaté, São Paulo, ela é casada com Caio Rezende há doze anos e é mãe do Pedro, de cinco anos. Suas formações como doula e educadora perinatal vieram após a experiência de gestar, parir e cuidar de seu filho, o que a tornou apaixonada pela maternidade e por tudo que a rodeia. Hoje, Juliana entende que sua missão é ajudar mulheres e famílias a passarem por esse período de maneira mais tranquila e pacífica.

— Apresentação das autoras —

Julyana Caiado

Mãe de sete filhos, esposa e criadora de conteúdo, Julyana é Educadora Parental, empresária e idealizadora do Projeto Mãe de Sete. Possui diversas especializações nacionais e internacionais e, em sua igreja local, serve como liderança para mulheres e casais, acompanhada de seu marido. Julyana também mentoreia mães e mulheres com valores cristãos por meio de palestras e curso *online*, além de ser colunista. Seu propósito é educar melhor seus filhos e contribuir para o futuro deles, entendendo como ser uma melhor esposa, mãe, mulher e profissional, e transmitindo os mesmos princípios a outras pessoas.

Lívia Bember

Formada em Psicologia pela Universidade Presbiteriana Mackenzie, Lívia é vice-presidente do Instituto Dara, cujo objetivo é ensinar e orientar crianças em situação de vulnerabilidade social sobre princípios educacionais, espirituais e físicos. Além disso, é missionária e atualmente mora na Dunamis Farm, onde está sendo preparada e treinada junto com seu marido Eraldo Neto em uma escola de missões. Mãe de primeira viagem, ela tem uma paixão pela adoração através da dança e acredita fielmente que essa é uma das formas pelas quais Deus pode Se manifestar. Lívia escreve em suas redes sociais sobre vida cristã e relacionamentos, atraindo meninas, que são seu maior público. Seu coração queima pelas famílias, com pureza e muita autenticidade.

— Apresentação das autoras —

Kelly Oliveira

Kelly é esposa, mãe de duas meninas, médica, empreendedora e escritora. Entende que, através da escrita, Deus a usa para atingir o coração de mulheres. Apaixonada pela família, ela tem como chamado e missão empoderar mães, trazendo-lhes fé, esperança, confiança e acolhimento. Em suas redes sociais, "Pediatria Descomplicada", Kelly encoraja mães a terem uma maternidade mais leve e feliz, ensinando-as a terem fé e coragem para criar filhos que impactem gerações para o Reino de Deus.

Paulinha Leonardo

Paulinha Leonardo é influenciadora digital, formada em Direito, casada há 9 anos com Deive Leonardo, e mãe de João, Noah e Serena, que está a caminho. Ela é membro da Igreja Assembleia de Deus com sua família e, por meio da sua rede social, aconselha e impacta a vida de centenas de milhares de mulheres, levando Jesus de maneira leve em seu dia a dia. Paulinha entende a maternidade como um de seus maiores sonhos e, por isso, divide sua experiência com outras mulheres e famílias.

— *Texto inspirador* —

maternidade

Uma jornada com Deus

—— *Texto inspirador* ——

Um dia, Deus sonhou com você e lhe planejou antes mesmo de você ser formada no útero de sua mãe (cf. Salmos 139.13). Agora, você provavelmente está vivendo o outro lado da história, seja gerando seu filho, segurando-o em seus braços, enfrentando os desafios de criar uma criança ou, até mesmo, sonhando com sua futura gestação. Independentemente da fase em que esteja, tenha certeza de que há um aprendizado a ser refinado em sua vida e, para isso, o Senhor deseja estar presente em cada momento, segurando sua mão, enquanto você percorre esses territórios desconhecidos.

Hoje, talvez, sua visão acerca da maternidade seja uma caminhada no escuro, porém este livro foi feito para que você passe a enxergá-la como um passo de fé. Filhos, de fato, mudam tudo em nossas vidas e são bênçãos que trazem alegria aos nossos dias. Contudo, com essa etapa, também chega a vulnerabilidade, a qual se transforma em uma oportunidade perfeita para enxergar a bondade do Pai e tudo o que Ele deseja construir em seu coração enquanto você se torna uma mãe segundo a vontade d'Ele.

Nas próximas páginas, esse horizonte se expandirá à sua frente, e você será fortalecida com experiências de outras mães, reflexões sobre os aspectos emocionais e espirituais da maternidade, além de orações e paralelos com mulheres da Bíblia. Tudo isso aumentará sua fé enquanto é desafiada pela Palavra. Em cada capítulo, você encontrará temas como puerpério, casamento, tempo, solitude, identidade e muito mais, os quais a levarão a um novo nível de profundidade e aprendizado sobre esse processo tão especial.

Mesmo em meio às dúvidas que cercam a maternidade, existe a segurança de que Deus tem a forma certa, única e singular de conduzir sua história. Conhecer a Verdade transformará para sempre os seus passos como mãe, filha, esposa e mulher, possibilitando que você desfrute a caminhada ao aprender também com as dores que nela existem, e viva tudo isso de forma intencional e bíblica.

Portanto, respire fundo, vista-se de disposição e abra seu coração para ser moldada e acolhida por Deus. Ao final deste livro, você sentirá os efeitos da mudança que se iniciará em sua vida e que não acabará aqui. A Palavra nos transforma exatamente nas mães que Deus deseja que sejamos. Apenas por meio dela poderemos viver com abundância, liberdade e coragem cada passo dessa desafiadora e linda jornada chamada maternidade.

— Dicas —

De Mãe para Mãe

―― *Dicas* ――

Você foi escolhida para a missão especial de gerar vida e cuidar de seus filhos, a fim de que eles se tornem luz no mundo (cf. Mateus 5.14). Deus não deseja que a maternidade seja pesada, mas um período no qual você encontrará n'Ele as ferramentas necessárias que a tornarão mais forte como filha, esposa, mulher e mãe.

Sabemos que a maternidade é corrida e intensa, mas é possível alinhar as prioridades para que o seu tempo, tarefas, relacionamentos e autoimagem sejam preenchidos por graça, paz e alegria. Pensando nisso, nossas autoras escreveram algumas dicas para que você possa aplicar e viver com mais leveza:

1 Tenha tempo com Deus. Para se manter uma mãe apaixonada por Jesus, tenha tempo com Deus e esteja com Ele em todo momento. Priorize seu devocional e cultos, sempre entregando sua vida por completo. *(Lívia Bember)*

2 Construa uma rede de apoio. Você não precisa caminhar sozinha, por isso, busque se conectar com pessoas que confia e que possam oferecer suporte durante a gestação e os primeiros meses de vida do bebê. *(Kelly Oliveira)*

3   Tenha tempo para você. Faça algo prazeroso, coma sua comida preferida e tire um dia para cuidar da sua beleza. Além de se doar por sua família, lembre-se de que você também precisa de cuidados para seguir forte em seu propósito. *(Paulinha Leonardo)*

4   Não se compare. Evite passar seu tempo olhando as redes sociais e se comparando com mães que têm estilos de vida diferentes do seu. Cada maternidade é única e especial, e você já tem o que precisa para ser uma boa mãe. *(Ester Lara)*

5   Passe tempo com seu marido. O casamento é tão importante quanto a maternidade, e cuidar dele é cuidar dos alicerces do seu lar. Portanto, saia com seu marido e aproveite os momentos juntos, construindo histórias e parceria. *(Jackeline Hayashi)*

6   Dê lugar aos sentimentos. É importante assimilar as emoções que chegam com a maternidade. Por isso, quando estiver em um dia intenso, pare, respire, entenda e ore. Coloque seus sentimentos aos pés do Senhor e aceite sua vulnerabilidade. *(Juliana Rezende)*

7   Continue sonhando. Enquanto cuida de seus filhos e de sua família por vários anos, continue sonhando com os planos de Deus para sua vida. Isso lhe trará esperança todos os dias. O Senhor remirá o tempo e cumprirá tudo o que prometeu. *(Ana Paula Valadão)*

8   Não tenha medo de errar. Você não é perfeita e jamais será. Portanto, faça o seu melhor, mas não tenha medo de errar e recomeçar de onde parou. Sempre que se sentir culpada, lembre-se de que o Senhor a ama e está ao seu lado para ajudá-la. *(Julyana Caiado)*

Capítulo 1

A Maternidade começa pela paternidade

Por Kelly Oliveira e Ana Paula Valadão

Kelly Oliveira

Quando descobri a gravidez da minha primeira filha, estava no meio de um turbilhão de coisas que aconteciam em minha vida. Passei por um momento bem difícil e, apesar de a gestação ter sido muito esperada, temia que minha neném "sentisse" as provações que eu enfrentava na época. Foram tempos complicados; um período de deserto pelo qual eu precisava atravessar. Na ocasião, eu estava lendo o livro de Ester na Bíblia,

— Capítulo 1 —

e senti fortemente um direcionamento do Espírito Santo de que meu bebê seria uma menina e teria esse nome. Deus me mostrou que ela viria "[...] para um momento como este [...]" (Ester 4.14 – NVI), e realmente chegaria com paz e renovo. Assim como a rainha Ester promoveu livramento e libertação para seu povo, mudando a sorte deles com sua sabedoria, minha filha também traria grande alegria e um recomeço para minha vida e família.

Contudo, mesmo com essa promessa de felicidade, tivemos momentos de apreensão com nossa pequena. Com vinte e oito semanas de gestação, descobrimos que Esther estava com restrição de crescimento intrauterino, e logo surgiram muitas preocupações e anseios. Eu, sendo médica, sabia que havia riscos inerentes a essa condição. Por mais que minha pediatra me acalmasse enquanto fazíamos os acompanhamentos necessários com todos os recursos que tínhamos em mãos, fiquei extremamente ansiosa com a situação. Foi um tempo de muita oração, pois saber que o Senhor cuida de cada detalhe de nossa vida e filhos é diferente de, ativamente, entregar a Ele todas as nossas preocupações. Porém, sabendo que Deus é um bom Pai, eu entendia que precisava aprender a confiar minha filha, que ainda nem havia nascido, a Ele.

De fato, vejo o quanto Esther me levou a um novo patamar em minha história. Não porque ela tem esse poder, mas porque o processo de gestação e o seu nascimento significaram muito para mim. Através da sua existência, percebi o cuidado de Deus para comigo também, sentindo o amor do Pai por minha vida. Pude descansar, como filha, em Seus braços e saber que, em determinadas situações, eu só precisaria confiar no Seu cuidado amoroso, como nos lembra 1 João 3.1:

—— Capítulo 1 ——

> Vejam que grande amor o Pai nos tem concedido, a ponto de sermos chamados filhos de Deus; e, de fato, somos filhos de Deus. Por essa razão, o mundo não nos conhece, porque não o conheceu.

Como mãe, pude refletir acerca de meu papel e sobre o que deixaria de legado e herança ao mundo. Também pensei no tamanho da responsabilidade que Deus entrega em nossas mãos, como o cuidado, educação, proteção e amor aos nossos filhos. Isso me fez lembrar de mulheres na Bíblia que criaram pessoas extraordinárias, as quais mudaram a História para sempre.

Maria, por exemplo, recebeu uma missão única e poderosa: ser mãe do Salvador (cf. Lucas 1.26-38). Que responsabilidade! Sua vida e identidade não seriam mais as mesmas. O seu ventre carregaria o Redentor do mundo. Mas isso não a ensoberbeceu, pelo contrário, fez com que ela aceitasse e cumprisse humildemente seu chamado, permitindo-se ser usada pelo Espírito Santo, ouvindo e guardando as coisas em seu coração (cf. Lucas 2.51). Assim como ela, quando sabemos quem somos em Deus, nada mais importa, pois passamos a aceitar com gratidão os maiores desafios da maternidade.

A Bíblia relata em uma passagem que Jesus e Sua família foram a Jerusalém para adorar a Deus e levar sacrifícios, como faziam todos os anos. Nessa ocasião, Ele tinha apenas doze anos e, sem que Seus pais percebessem, ficou ensinando no templo enquanto o casal regressava para casa (cf. Lucas 2.42-43). Que descuido! Como puderam deixá-lO sozinho? Imagine a aflição dessa mãe ao perceber que havia perdido o próprio filho pelo caminho, alguém que o Senhor lhe havia confiado. Foi um dia inteiro viajando de volta e, depois, mais três dias procurando Jesus entre os

— Capítulo 1 —

conhecidos, parentes, e lugares por onde haviam passado. Então, O encontraram no templo, conversando com os doutores da lei, que estavam maravilhados com Sua sabedoria em tão tenra idade (cf. Lucas 2.46-47).

O questionamento de Maria ao menino foi o de uma mãe preocupada, e com razão: "[...] Filho, por que você fez isso conosco? Seu pai e eu estávamos aflitos à sua procura" (Lucas 2.48). Quem de nós não ficaria alarmada ao perder nossa criança de vista? Seu temor era racional e válido. Esse relato pode nos levar a refletir sobre as ocasiões em que fazemos perguntas a Deus que, para nós, fazem todo sentido, são extremamente coerentes e lógicas, mas recebemos respostas que parecem absurdas. Jesus nos surpreende nessa passagem ao dizer: "[...] Por que me procuravam? Não sabiam que eu tinha de estar na casa de meu Pai?" (Lucas 2.49).

Maria tinha conhecimento sobre quem Jesus era, mas talvez não compreendesse completamente algumas coisas, como o propósito de Ele ter simplesmente ficado ali, e até mesmo de ter lhe dado aquela resposta. Ainda assim, a Palavra nos mostra que ela "[...] guardava todas estas coisas no coração" (Lucas 2.51).

Você, como mãe, tem um poder imenso sobre aquilo que carrega. Maria conservava tudo em seu interior, porque compreendia muito bem a sua identidade em Deus, bem como a missão que lhe fora atribuída. Os filhos são nossa maior herança nesta Terra (cf. Salmos 127.1) e, por isso, não poderíamos deixar nada melhor do que eles para o mundo.

A maternidade é um presente que o Senhor coloca em nossas mãos, e as crianças são esse bem precioso que criaremos,

— Capítulo 1 —

cuidaremos e amaremos. Nosso papel como mães está justamente no legado que deixaremos. Isso não nos define, mas nos dá um propósito e uma grande responsabilidade. Lembre-se de que não estamos sozinhas para cumpri-la, pois podemos sempre contar com o Espírito Santo ao nosso lado, guiando-nos.

Precisamos buscar ativa e intencionalmente uma maternidade conduzida por Ele, pois apenas assim poderemos confiar e entregar todas as nossas preocupações, medos e anseios aos Seus pés. Em Sua revelação, saberemos também que não somos suficientemente boas e perfeitas e que, por sermos seres humanos, não temos de dar conta de tudo. Não precisa ser assim. O Senhor nos convida a termos um relacionamento diário com Ele, o qual trará leveza em nosso caminhar. Assim, todo direcionamento e decisão, ao serem revestidos por Sua graça e sabedoria, serão certeiros e nos orientarão em cada passo, com a convicção de que nunca estaremos desamparadas.

É necessário que encontremos essa suficiência n'Ele e entendamos que não precisamos de mais nada, pois podemos depender apenas do Pai. Deus está genuinamente interessado em como estamos trocando as fraldas de nossos filhos, brincando de esconde-esconde, ou ninando-os em nosso colo. O Senhor Se importa se estou realmente curtindo cada fase da minha maternidade e vivendo-a de maneira plena, desfrutando ao máximo desse presente que Ele me deu. Isso não significa que estou sendo vigiada e fiscalizada em tudo que faço ou deixo de fazer, mas sim que Deus deseja Se conectar comigo e com meu filho, de forma que eu sinta o Seu amor por mim em cada gesto.

— Capítulo 1 —

O Pai não quer que a maternidade seja um peso, mas uma dádiva. Por isso, Ele busca me ensinar um pouco sobre Seu amor nas noites insones, nos meus receios e angústias de mãe, no cansaço e dificuldades diárias. Não há lugar para ressentimento, amargura ou ansiedade quando deixamos o Espírito Santo agir nos detalhes daquilo que vivemos intensamente em nosso dia a dia, por mais difícil, cansativo e, até mesmo, entediante que pareça ser. Deus deseja transformar a sua maternidade em algo novo e mudar sua perspectiva, para que esse momento da sua vida se torne uma aventura na qual você sempre perguntará: "Querido Pai, o que temos para hoje?". Mesmo que sejam afazeres aparentemente nem um pouco empolgantes, como uma pilha de roupas sujas para lavar, juntar os brinquedos espalhados no chão, e ter de correr pela casa atrás de uma criança sem fraldas, você terá a certeza de que não estaria mais feliz ou realizada em outro papel. Que possamos viver a maior missão de nossas vidas sob a perspectiva de Deus e guiadas unicamente por Ele.

Quando temos intimidade com o Pai, obtemos acesso direto ao Seu coração. Assim, podemos encontrar a nossa real identidade n'Ele, em todos os momentos e aspectos de nossa vida, inclusive, na maternidade.

Não importa se você não teve um pai terreno, ou se ele foi disfuncional e ruim. A boa notícia é que podemos ser restauradas pela figura paterna amorosa, bondosa e perdoadora que é o nosso Deus. Ele nos ama e aceita como somos, mas quer nos ver transformadas de tal modo que não nos contentemos em continuar sendo as mesmas pessoas. Ele nos restaura por completo, tira de nossas costas o peso que suportamos, bem como a culpa e a amargura. Com o Senhor, somos ensinadas sobre perdão e o amor

Não importa se você não teve um pai terreno, ou se ele foi disfuncional e ruim. A boa notícia é que podemos ser restauradas pela figura paterna amorosa, bondosa e perdoadora que é o nosso Deus. Ele nos ama e aceita como somos, mas quer nos ver transformadas de tal modo que não nos contentemos em continuar sendo as mesmas pessoas.

— Capítulo 1 —

verdadeiro e incondicional. E é isso que nos impulsiona a mudar de dentro para fora.

A maternidade, por sua vez, não é definida por você e pelo que isso representa para o mundo ou mesmo para seu filho, mas por aquilo que você carrega. Como mães, devemos ter a certeza de que nosso maior papel é saber quem Deus é, e quem nós somos diante d'Ele. Por isso, precisamos receber a revelação de que nosso Pai nos ama, e isso basta. A caminhada nos proporciona inúmeras chances de vivermos um relacionamento íntimo e diário com o Espírito Santo, que nos guia e nos traz tranquilidade para exercermos nossa função da melhor forma.

Quando temos intimidade com o Pai, obtemos acesso direto ao Seu coração. Assim, podemos encontrar a nossa real identidade n'Ele, em todos os momentos e aspectos de nossa vida, inclusive, na maternidade.

Oração:

Pai, agradeço por quem eu sou no Senhor. Obrigada por me permitir encontrar minha identidade como mulher e mãe e poder ser melhor para o meu filho. Obrigada, porque na caminhada da maternidade, tenho o Senhor para me espelhar, e Seu amor para me completar. Confio que o Senhor é meu Guia nesse desafio. Ajuda-me a depender cada dia mais do Seu Espírito Santo, e menos de mim, sabendo ouvir Sua voz ao me conduzir nos pequenos detalhes que constroem meu dia a dia como mãe. Ajuda-me a lembrar quem eu sou no Senhor: mãe, filha, amada. Obrigada por ser um bom Pai. Em nome de Jesus, amém.

— Capítulo 1 —

Ana Paula Valadão

Era final de 2005, quase 2006. O verão estava intenso e a minha barriga, enorme. Eu não poderia estar mais empolgada! Meu bebezinho ia nascer depois de tantos anos pedindo a Deus por esse milagre. Tudo estava preparado. Aliás, há muito tempo eu tinha o enxoval completo, carrinho de bebê, brinquedos e enfeites que trouxe de viagens ao redor do mundo, e mantinha tudo guardado, esperando a chegada do filho tão sonhado. O quarto, antes vazio e inacabado, agora estava pintado de uma linda cor azul, com as paredes decoradas no tema da "Arca de Noé". Elas eram a lembrança da fidelidade de Deus.

Ainda me lembro da alegria de finalmente transformar aquele lugar, que era um quarto de lágrimas e oração, em um cantinho colorido e aconchegante. Junto a uma das paredes ficava um lindo bercinho branco. Ao lado da janela, estava a cadeira de amamentação. Naquela época, as roupinhas estavam lavadas, cheirosas, penduradas nos cabides ou dobradas nas gavetas do armário. O móvel trocador de fraldas já tinha o *kit* de utensílios para limpar o bebê, a banheira com o suporte alto dentro do *box* do chuveiro, a malinha com roupas para mim e para o recém-nascido na maternidade, e tantos outros preparativos foram riscados na lista do que precisávamos para a chegada do nosso príncipe. Mas será que tudo estava realmente pronto? E eu? Estava mesmo apta para ser mãe?

Além do acompanhamento médico pré-natal, ao longo dos meses de gestação, estudei bastante sobre como cuidar da minha saúde, do meu filho no ventre, e sobre cada dia e mês da gravidez.

— Capítulo 1 —

O livro *O que esperar quando você está esperando*[1] foi o meu companheiro favorito, mas existe uma outra leitura que recomendo ainda mais a todas as mulheres que estão para ganhar um bebê e, até mesmo, às mães com seus filhos pequenos. A obra não trata a respeito da gravidez em si, mas aborda o tema do que fazer a partir do momento em que pegamos nossos filhos nos braços pela primeira vez, assim que eles nascem. Essa leitura que, sem dúvida alguma, foi a que mais me impactou, chama-se *Nana, nenê*, do doutor Gary Ezzo.[2] Eu queria estar pronta para amamentar, para desenvolver a rotina de cuidados ao longo dia e, acima de tudo, desejava saber o que fazer com relação às tão temidas noites sem dormir. Eu amava conversar com outras mães experientes, por isso ouvia muitas histórias sobre as dificuldades dos primeiros dias, meses e anos, em que muitos bebês continuam acordando no meio da noite, chorando com fome ou com alguma outra necessidade a ser atendida.

Quando abri as primeiras páginas do livro, fiquei chocada. A promessa era de que, com apenas oito semanas de vida, podemos treinar nossos filhos a dormirem a noite inteira. Entretanto, em vez de irem direto ao ponto e começarem a ensinar sobre como alcançar essa façanha, o Dr. Ezzo e seus companheiros, nas pesquisas e coautoria do livro, estabelecem o grande fundamento daqueles ensinos: o mais importante não é exclusivamente a chegada do filho, mas o relacionamento do casal, os pais do bebê.

---

[1] MURKOFF, Heidi; EISENBERG, Arlene; HATHAWAY, Sandee. **O que esperar quando você está esperando**. São Paulo: Editora Record, 2004.

[2] EZZO, Gary; BUCKNAM, Robert. **Nana, nenê**: como cuidar do seu bebê para que ele durma a noite toda de forma natural. Cajamar: Mundo Cristão, 2013.

— Capítulo 1 —

"Como assim? Eu não comprei esse livro esperando aprender sobre meu casamento!", pensei, enquanto lia aquelas frases. De uma forma impressionante, estava bem claro que o melhor investimento que eu poderia fazer para preparar o ambiente para meu filho nascer e crescer não eram os móveis, as roupinhas ou brinquedos. O maior presente que eu poderia dar aos meus filhos era, e continua sendo, o meu relacionamento com o pai deles. O casamento é o centro do lar em que o novo integrante da família será inserido. Se o papai e a mamãe estiverem bem ajustados, cada um em sua função e papel, amando e cultivando um ao outro como prioridade, o filho receberá toda a segurança, paz e amor necessários para que durma e coma bem, brinque, aprenda e cresça saudável e feliz, em todas as dimensões da vida.

Naquele momento, mais um preparativo, e talvez o mais importante, iniciava na minha jornada em busca de ser a mãe, ou melhor, a esposa que eu precisava ser. Amar e desejar meu filho, despertar várias vezes à noite até que ele aprendesse a dormir, ou qualquer outro sacrifício da maternidade não se comparavam ao grande desafio que vinha anteriormente a esses. Para mim, e creio que para muitas mulheres, o sonho de se casar e ter filhos era algo quase instintivo e que me acompanhou desde a infância. Porém, como a pregadora e escritora Devi Titus diz: muitas sonham em se casar, mas não querem ser esposas. Sonham em ter filhos, mas não querem ser mães. Exercer essas funções significa, acima de tudo, servir, e isso não surge tão naturalmente. A Bíblia descreve o papel da mulher como aquela que Deus criou para suprir uma necessidade, para completar, auxiliar e servir ao marido (cf. Gênesis 2.18). Sendo assim, somos chamadas para edificar e construir o ambiente do lar, à medida que ajudamos nosso esposo a ser um grande líder, respeitado, honrado, encorajado. Ele é o nosso cabeça,

— Capítulo 1 —

e será o maior referencial e a pessoa mais relevante na nossa história: o pai dos nossos filhos.

Tenho certeza de que, assim como foi comigo, a exposição dessas verdades pode ter provocado algum incômodo em você. Expressões como "ajudar" e "completar" são pouco atraentes. Nós, mulheres modernas, preferimos os termos "liderar" e "comandar". Então, surge a dúvida: será que, para Deus, a mulher é menor ou menos importante do que o homem? Você pode estar pensando: "Já não basta tudo o que preciso fazer, agora esse livro de maternidade vai falar sobre casamento, e elevar o homem como alguém que também tenho o dever de construir?". Posso lhe dizer que, quer aceitemos ou não, esses papéis de esposa e de mãe estão interligados; no entanto, não são menores. A Bíblia esclarece que a mulher e o homem não são competidores para saber quem é o mais importante. Na verdade, somos diferentes e complementares na responsabilidade de trazer ao mundo e educar a próxima geração.

Interdependentes

> Porque o homem não foi feito da mulher, mas a mulher foi feita do homem. Porque também o homem não foi criado por causa da mulher, e sim a mulher por causa do homem. Portanto, por causa dos anjos, a mulher deve trazer um sinal de autoridade na cabeça. No Senhor, todavia, nem a mulher é independente do homem, nem o homem é independente da mulher. Porque, assim como a mulher foi feita do homem, assim também o homem nasce da mulher; e tudo vem de Deus. (1 Coríntios 11.8-12)

Que texto impressionante! Em poucas palavras, lemos a respeito da mulher-esposa que foi feita para completar o homem,

— Capítulo 1 —

e sobre a mulher-mãe. Ela gera o menino e o educa para que, um dia, ele seja o grande homem-marido e o homem-pai, o líder em sua própria casa no futuro, fazendo o movimento se repetir. Assim, o homem e a mulher estão interligados e não são independentes, mas se conectam nesse ciclo ininterrupto de amor, valor, dignidade e respeito de um para com o outro, e dos dois para com Deus.

Entretanto, repare bem: primeiro a mulher foi criada por Deus como esposa e, depois, para ser mãe. É a lei da natureza. A maternidade começa com a paternidade. Para ser mãe, a mulher tem de receber a semente do homem, e isso deveria acontecer somente em um relacionamento de aliança, compromisso e responsabilidade mútua. Infelizmente, os valores dessa sociedade antibíblica estão cada vez mais distantes do ideal do Criador e, por isso, sofremos as consequências pessoais e sociais dessas disfunções.

Mães solteiras sofrem com homens medrosos ou covardes que abandonam a paternidade. Da mesma forma, mulheres traumatizadas pelo abuso da força masculina, até mesmo por conta de estupros, cogitam e executam abortos para não enfrentarem a angústia de criarem esses filhos indesejados sozinhas. A figura masculina está tão distorcida que, para muitas mulheres, o modelo ideal não é o bíblico, mas o descrito no mito das Amazonas, da sociedade grega. Nesta fantasia, o mundo era regido por mulheres que, apesar de precisarem da semente do homem, tornaram-se independentes deles na criação das filhas. Ainda, uma versão da narrativa conta que elas desprezavam tanto a figura masculina, que consideravam apenas as meninas dignas de serem criadas e educadas e, com essa justificativa, aleijavam seus filhos homens e os tornavam inválidos, de modo que não pudessem cumprir

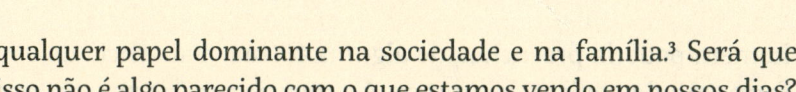

qualquer papel dominante na sociedade e na família.³ Será que isso não é algo parecido com o que estamos vendo em nossos dias?

A importância da paternidade

Ao longo dos anos, como anfitriã dos Congressos Mulheres Diante do Trono, aprendi muito com diversas palestrantes, suas mensagens e testemunhos. Um desses aprendizados foi que a figura paterna é extremamente importante na formação da identidade e da autoestima de uma pessoa⁴, e a forma como o filho enxerga seu pai pode afetar até mesmo o seu relacionamento com Deus. Sendo assim, em um mundo tão distorcido, nós nos acostumamos com os papéis invertidos, com os altos índices de casamentos disfuncionais e infelizes, com divórcios e crises na identidade dos filhos.

Sobre isso, a doutora Ilma Cunha diz que "muito feminino resulta em pouco masculino". Ainda me lembro de como me maravilhei com a sabedoria que ela compartilhou com mulheres que não tinham um marido e pai presentes na vida de seus filhos, fosse por divórcio, abandono ou, até mesmo, por morte. Ilma afirmou que o modo como a mãe falava a respeito desse

---

³ **Amazon Sexuality.** Publicado por *Carleton College*. Disponível em *https://www.carleton.edu/curricular/CLAS/CL114/amazons/sexuality.html*. Acesso em outubro de 2021.

⁴ BENCZIK, Edyleine Bellini Peroni. **A importância da figura paterna para o desenvolvimento infantil.** *Revista psicopedagogia*, São Paulo, v. 28, n. 85, p. 67-75, 2011. Disponível em *http://pepsic.bvsalud.org/scielo.php?script=sci_arttext&pid=S0103-84862011000100007&lng=pt&nrm=iso*. Acesso em outubro de 2021.

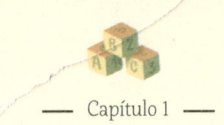

— Capítulo 1 —

homem poderia preencher, de alguma forma, a ausência dele na formação do caráter da criança. Ao mencionar: "Se seu pai estivesse aqui, ele diria isso, e faria assim", é como se a mãe pudesse, milagrosamente, trazer a memória ou a "presença" paterna para o dia a dia do filho. Entendo que o desafio é grande, especialmente quando o pai não tem muitas qualidades a serem elogiadas, mas é essencial que a mãe procure sempre elevar a admiração dos filhos por ele.

Mesmo a esposa de um marido e pai presente no lar é responsável por entregar a ele a liderança, o respeito e a admiração da família. A forma como ela fala dele tem o poder de encorajá-lo e fazê-lo sentir-se admirado e respeitado. O resultado dessa dinâmica é que o marido se tornará um homem com quem ela realmente terá a alegria de conviver e ser liderada. Caso contrário, ele será desconstruído por ela, e a imagem de um pai ruim, fraco e ausente afetará profundamente as percepções que seus filhos têm de si mesmos, do mundo e de Deus.

Por ser mãe de meninos, li outro livro que sempre recomendo: *Educando meninos*, do Doutor James Dobson[5] (as mães de meninas podem ler a versão *Educando meninas*[6]). Mulheres e homens são, originalmente, desenhados por Deus de formas distintas. Por isso, como mães, também precisamos de sabedoria diferenciada para nutrir e fazê-los crescer, pois, um dia, serão os adultos preparados para assumirem seus próprios papéis na família e na sociedade.

---

[5] DOBSON, James. **Educando meninos.** Cajamar: Mundo Cristão, 2013.

[6] DOBSON, James. **Educando meninas.** Cajamar: Mundo Cristão, 2012.

— Capítulo 1 —

Nas primeiras páginas desse livro, deparei-me com uma estatística impressionante. O índice de crianças bem ajustadas, academicamente interessadas, menos propensas aos vícios e à delinquência era o mesmo para as famílias em que o pai e a mãe estavam presentes, ou em que os pais eram solteiros. No entanto, o índice de filhos desajustados socialmente era o mesmo para famílias em que a mãe era solteira, ou os pais casados, mas sem uma figura paterna participativa. Leia de novo, se for preciso. As estatísticas dizem que o pai solteiro, que leva à escola, brinca, dá comida, vai ao médico, ouve e fala com seu menino ou menina, cria melhor seus filhos do que mulheres que estão ao lado de um marido de corpo presente, mas ausente na vida das crianças. Isso nos lembra que temos uma responsabilidade enorme diante de nós. Como mulheres, temos de fazer tudo o que estiver ao nosso alcance para ajudar a construir o pai que queremos dar aos nossos filhos.

Por amor aos seus filhos, não desista do seu casamento

Durante algum tempo, fiz terapia com a doutora Esly Regina, com quem me comunico até hoje. Antes de iniciarmos nossas sessões, Esly me enviou alguns questionários e me pediu para que assistisse a uma aula dela sobre o Estudo do Formulário ACE — Experiências Adversas na Infância, disponível no YouTube.[7] De uma forma surpreendente, os estudos mostravam que problemas emocionais e comportamentais na saúde mental e

---

[7] CARVALHO, Esly. **Estudo ACE** (Experiências Adversas da Infância) — Esly Carvalho, *Ph.D.* Disponível em *https://www.youtube.com/watch?v=SAf65wkzQgY*. Acesso em outubro de 2021.

— Capítulo 1 —

física podem ter origem em traumas experimentados na infância. De acordo com a pontuação no ACE, a pessoa está fadada a lutar com uma dificuldade muito maior ao longo da vida, e pasme: entre tantos traumas terríveis descritos no questionário, a separação dos pais conta um ponto. Se até os dezoito anos de idade o filho viu os pais se separarem uma, duas ou três vezes até se divorciarem, cada rompimento contabiliza um novo ponto na escala.

Meu pai, o pastor Márcio Valadão, também tem uma frase impactante sobre isso. Ele diz que: "quando o ninho se desfaz, quem mais sofre são os filhotinhos". O papai e a mamãe pássaros já sabem voar e, por isso, processam essa perda de uma forma diferente dos filhotes. Muitos, estando ainda no ovo ou tão pequeninhos, ao caírem, certamente, podem morrer ou ficar aleijados. Infelizmente, a lenda das Amazonas e sua prática infernal de aleijar seus filhos homens (e por que não dizer que amputam, também, as filhas meninas para não precisarem deles?) é mais real do que imaginávamos. Ao tornarem o casamento algo sem valor e descartável, as mulheres estão torturando e incapacitando suas crianças para a vida plena.

A velha sabedoria das mulheres antigas, que guardavam e cobriam as falhas dos maridos para não expor aos filhos, está em falta nos lares das mulheres modernas. Atualmente, elas não só não escondem nada, como fazem questão de difamar e acusar o pai da criança, quer ele more na mesma casa ou não, para que sempre tenham razão. Essas mulheres sem sabedoria imaginam que ganharão o afeto dos filhos se estiverem sempre certas aos seus olhos, enquanto diminuem os homens. Se agirmos assim, quão distantes estaremos da Palavra que diz: "Acima de tudo, porém, tenham muito amor uns para com os outros, porque o amor cobre a multidão de pecados" (1 Pedro 4.8)?

Como evidência dos benefícios de atitudes sensatas, contarei um lindo testemunho. Uma amiga, recentemente, confidenciou-me como cresceu toda a infância e adolescência em um lar feliz. Contudo, ela mal pôde acreditar quando, já adulta, a mãe lhe contou sobre os diversos adultérios que o pai havia cometido. Mãe e filha choraram juntas, mas, ao final, ela agradeceu. Aquela mãe, cheia de sabedoria, havia poupado seus filhos até que, já crescidos, pudessem dividir a dor, ombro a ombro, com ela. Crianças e adolescentes não possuem as mesmas habilidades emocionais que nós, adultos, para lidar com os traumas.

Antes de terminar, citarei mais uma leitura. No devocional para casais *Reflexões para uma vida a dois*[8], de Jaime e Judith Kemp, eles comentam sobre uma pesquisa feita com casais em crise. No estudo, os pesquisadores separaram dois grupos e deram a eles instruções diferentes. A terapia principal era que um dos grupos iria se comprometer a orar todos os dias juntos. O novo hábito foi criado, mantido e o desfecho dos casais foi acompanhado. Após oito anos, os pesquisadores descobriram que os casais que oravam juntos superaram suas crises, e muitos sequer se lembravam dos motivos que os havia feito cogitar a separação.

Portanto, antes de desistir do seu casamento e do pai de seus filhos, aprenda o que precisa sobre a sabedoria bíblica para ser a mulher virtuosa, que edifica o seu lar. Provérbios 14.1 diz que a tola

---

[8] KEMP, Jaime; KEMP, Judith. **Devocional para casais:** reflexões para uma vida a dois. Campinas: United Press, 2002.

— Capítulo 1 —

derruba sua casa com as próprias mãos. Então, lembre-se de que construir o lar ou o ninho para a chegada do filhotinho vai muito além de preparar o berço ou a cadeira de amamentação. A edificação mais importante, e que também depende da sua contribuição, é a de seu marido, o pai das crianças, porque a maternidade começa com a paternidade.

Oração:

 Deus, nós nos humilhamos diante do Senhor, pedimos perdão por nossa falta de sabedoria e por, muitas vezes, tomarmos a forma desse mundo, que despreza e desconstrói o homem. Perdão pelas sequelas que deixamos na vida dos nossos filhos e filhas a cada briga e desrespeito dentro do nosso lar. Ajuda-nos a ser como a mulher sábia, que edifica o ambiente e o coração do marido e das crianças. Socorre as nossas irmãs que sofrem pelo abandono ou abuso da força masculina, e consola os filhos de pais ausentes. Obrigada porque, em Cristo, nós nos tornamos filhas de Deus e, por isso, há esperança até mesmo para a família mais desestruturada. Que o Seu Espírito, que dentro de nós clama Aba Pai, nos ensine e nos restaure. Em nome de Jesus, amém.

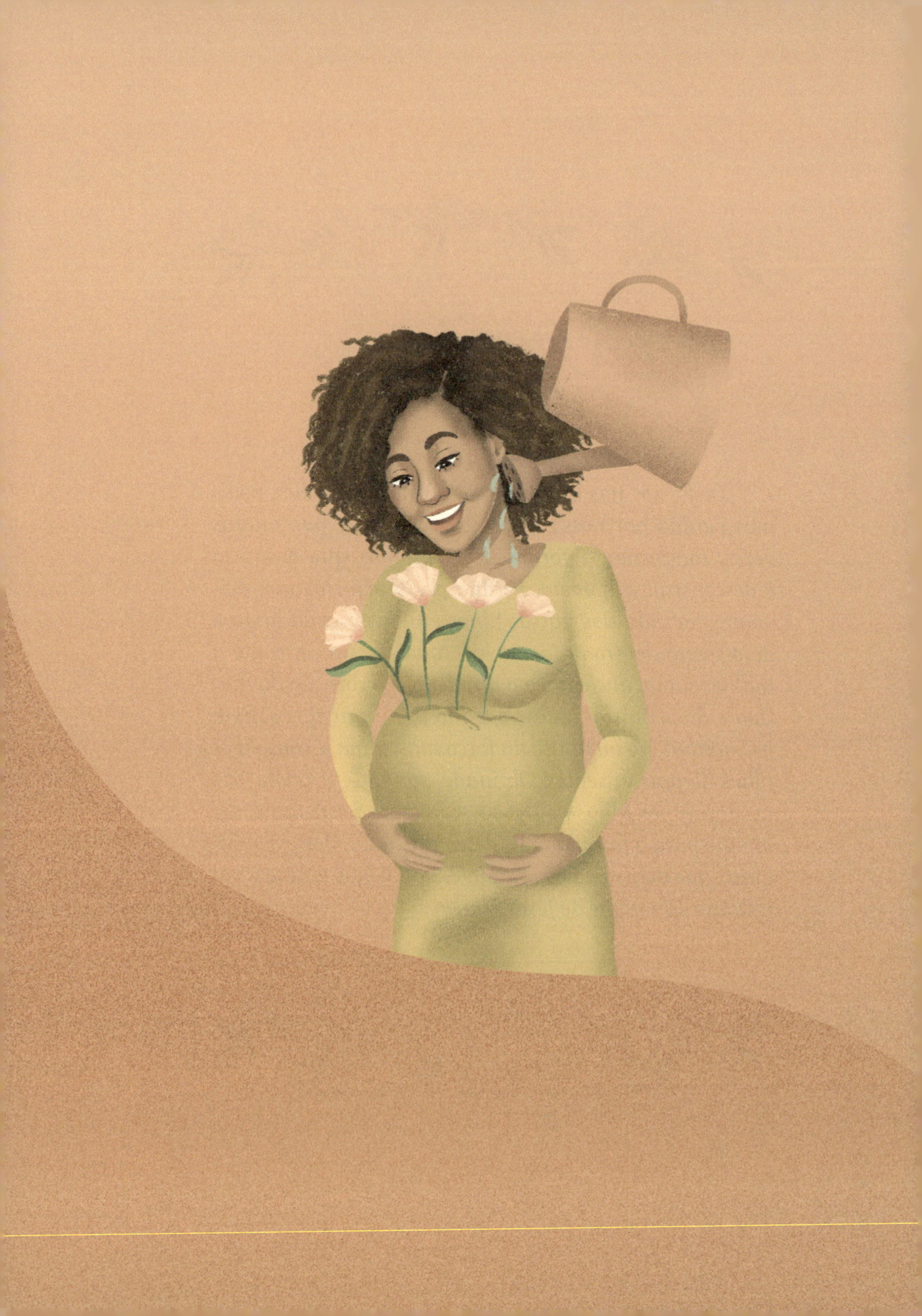

Capítulo 2

O processo de gerar
(Natural ou espiritualmente)

Por Lívia Bember

LEIA: 1 SAMUEL 1–2

Ao ouvir que o título do livro seria *Maternidade sem culpa*, o primeiro pensamento que tive foi: "Isso é possível?". Escrevo este capítulo com vinte e três semanas, no sexto mês de gestação, e já experimentei inúmeros sentimentos, inclusive a culpa. Recordo-me de minha própria mãe dizendo que as mães sempre lutarão contra a impressão de que deveriam ter feito mais, feito menos ou simplesmente não ter feito, para início de conversa. É muito difícil quando nos sentimos assim, mas que privilégio é termos a Bíblia e podermos ler o que Jesus disse em Mateus 11.28-30:

— Capítulo 2 —

> Venham a mim todos vocês que estão cansados e sobrecarregados, e eu os aliviarei. Tomem sobre vocês o meu jugo e aprendam de mim, porque sou manso e humilde de coração; e vocês acharão descanso para a sua alma. Porque o meu jugo é suave, e o meu fardo é leve.

Em Deus, o fardo é leve; n'Ele podemos achar descanso para a nossa alma e viver uma maternidade debaixo de Sua vontade e propósito. Tenho experimentado isso desde o início da gestação e, através destas páginas, contarei um pouco sobre o que o Senhor tem ministrado ao meu coração. Minha oração é para que você, de alguma forma, se identifique com as experiências descritas aqui, e para que o Espírito Santo lhe comunique coisas especiais.

Sempre soube que a maternidade era meu chamado e que a família seria meu maior ministério. Eu amava crianças quando ainda era uma e, desde muito nova, idealizava ter uma família bem grande e passar meus dias impactando a vida dos meus filhos. Quando me casei, deparei-me com o fato de que eu realmente poderia me tornar mãe a partir dali, e aquilo foi assustador. Logo eu, que antes tinha certeza de que seria boa executando esse papel, estava apavorada com essa decisão que mudaria tanto minha vida quanto a de meu marido para sempre. Nesse momento, a ansiedade passou a atrapalhar aquilo que deveria ser leve e natural. No fundo, eu sabia que isso era sinal de que ainda não era o tempo certo para acontecer.

Mas foi em meio a essa inquietação que Deus me lembrou de que quem tem o poder de dar e tirar a vida é Ele, e não eu. Com esse entendimento, finalmente descansei, entendendo que só precisava dar espaço para ser moldada. E, de fato, isso aconteceu. O Senhor passou a me mostrar a leveza que poderia existir no processo, principalmente se as coisas fossem vividas no Seu tempo.

Capítulo 2

A jornada de ouvir e compreender o que o Pai desejava de mim em relação à maternidade estava apenas começando. Certo dia, sonhei que estava no apartamento em que eu e meu marido morávamos, dançando com uma barriga bem grande. Ao acordar, conversei com Deus, pedindo discernimento para saber se aquilo havia sido apenas um sonho ou se Ele desejava ministrar algo específico a mim. Pouco tempo depois, enquanto orava em um culto, sentada no chão, olhei para a minha barriga e senti algo diferente. Naquele momento, fui tomada por uma paz e, sem explicação, eu já não tinha mais medo.

Essa experiência veio ao encontro do que estava em meu coração anteriormente e, mais uma vez, eu começava a ser tratada por Deus. Lembro que sempre que pensava nos prós e contras de ter um filho, todos os pontos negativos eram baseados no meu egoísmo, na minha falta de vontade de dedicar meu tempo para algo que não girasse em torno de mim, bem como no meu desejo de fazer o que eu quero e quando quero. Afinal, em minha mente individualista, eu perderia tamanha liberdade. No entanto, ao relembrar minha vida de solteira, pude constar que já havia vivido todas as coisas que ansiava: viajei para lugares que nunca havia imaginado que visitaria — tanto sozinha como com amigos — e passei tempo com pessoas queridas. Percebi que vivi com excelência cada fase, sem pular etapas e, ao olhar para a trajetória do meu marido, enxerguei a mesma coisa. Portanto, o cerne da minha preocupação era o egocentrismo.

Com todos esses pensamentos circulando em minha mente, falei com uma amiga que me discipulou durante o período do noivado e perguntei se ela achava que eu estava pronta para dar esse passo, pois não queria tomar uma decisão tão importante sem ouvir quem mais me conhecia de forma íntima. Além dela,

―― Capítulo 2 ――

conversei com duas amigas mais velhas, casadas, que conhecem bem minha personalidade e minhas falhas. Eu não imaginava que elas diriam "sim" e que, além disso, apoiariam essa decisão. Também tratei do assunto com meus pais e vi que tinha a bênção deles, o que, para mim, era importante. Não queria ser impulsiva ou imprudente, e se eu não estivesse pronta aos olhos deles, não teria coragem de gerar uma vida.

No mesmo período, durante um culto, senti-me convocada pelo Espírito Santo para orar por vinte e um dias e convidei uma amiga para se engajar nisso comigo, acordando diariamente às cinco da manhã. Tomei essa decisão porque sabia que Deus desejava fazer algo em meu coração. Então, fiquei mais sensível à voz d'Ele e me coloquei à disposição para compreender Seu direcionamento. Coincidentemente, minha cartela de anticoncepcional estava para terminar. Por conta desse período de oração, senti-me segura para deixar de tomar a pílula, concretizando algo que meu marido havia dito desde que nos casamos. Ele estava em paz quanto à interrupção do uso, e me pediu para avisá-lo quando eu também estivesse pronta para entrarmos em comum acordo nessa etapa de nossas vidas. Por fim, a cartela terminou e meu coração se encheu de ânimo, enquanto Deus continuava trabalhando em cada detalhe de minha vida.

Na mesma semana, meu marido, Neto, passou a ministrar na Dunamis Farm por meio do ministério Missão Portas Abertas[1], para os estudantes da Escola de Missões Fire and Fragrance.[2] Eu o acompanhei na viagem e, ao chegarmos na fazenda, tive uma sensação diferente. No íntimo do meu coração, havia a certeza de que moraria ali. Contudo, aquilo não fazia sentido, e eu imaginava que, se contasse para meu marido, ele acharia loucura e afirmaria que

— Capítulo 2 —

era apenas impulsividade. Ele saiu para apresentar-se ao líder da escola enquanto fiquei sentada no campo. Ao fim de nossa visita, quando voltamos para o carro, ficamos em silêncio por um tempo. Eu, então, tomei a decisão de perguntar se ele gostaria de compartilhar algo e, como resposta, ele me contou como havia sido a conversa. Para minha surpresa, ele teve a mesma impressão em seu espírito, mas esperava que Deus falasse comigo antes, porque talvez aquilo parecesse loucura. Na mesma hora, eu o interrompi, dizendo: "Nós viremos morar aqui, não é?", e a resposta foi: "Sim". Deus já estava movendo nossos corações, e nos emocionamos naquele momento, porque essa era a vontade d'Ele para as nossas vidas. Após esse episódio, fomos diretamente para a casa de nossos pastores a fim de pedirmos oração e ouvirmos o que eles tinham a nos dizer. Como concretização do que havia começado há muito tempo em nossa família, eu engravidei na semana seguinte. Entretanto, apenas ficamos cientes disso depois de vinte dias, quando já havíamos decidido largar tudo para nos mudarmos para a Dunamis Farm e fazermos a Escola de Missões.

Com efeito, eu sabia que era Deus Quem dava a vida; e termos escolhido nos mudar antes mesmo da gravidez acontecer foi a prova de que devíamos ter fé e acreditar que Ele sabia para onde estava nos levando. É claro que, em alguns momentos, tivemos

---

[1] Portas Abertas é uma organização internacional que oferece apoio a cristãos perseguidos em mais de 60 países. Para mais informações, confira o *site* oficial: *https://portasabertas.org.br/*. Acesso em agosto de 2021.

[2] Fire and Fragrance é uma escola de treinamento e discipulado da Jocum (YWAM) de Kona, Havaí, que acontece anualmente na Dunamis Farm. Você pode encontrar mais informações em: *https://dunamismovement.com/dts/*. Acesso em agosto de 2021.

— Capítulo 2 —

medos e inseguranças, mas sabíamos que aquele era o desejo do coração do Senhor. Nós tínhamos a convicção de que era aquilo que precisávamos viver. É sempre necessário recordar que, quando Deus nos chama, Ele provê, e não nos coloca em uma enrascada sem Suas mãos para nos sustentar.

Com todas as experiências de fé que tive antes mesmo de engravidar, ao pensar em uma maternidade leve, lembrei-me da conexão que existe com o descanso em Deus. Seja antes ou durante o processo de gerar uma vida, descansar e compreender Sua soberania nos faz entender que, sem Ele, é impossível termos paz. Sem Sua graça e bondade, inevitavelmente, nos afundaremos em culpa, ansiedade e, principalmente, medo. Por outro lado, quanto mais envolvidas estivermos em nosso relacionamento com o Senhor, menos espaço para inseguranças teremos, pois estaremos fundamentadas na certeza de que Ele governa nossas vidas e sabe o momento certo das coisas. Nossa responsabilidade, portanto, é cultivar uma vida de intimidade com o Pai, estar sensíveis para discernir o Seu tempo e, com isso, entregar todas as nossas ansiedades, nos colocando disponíveis para o que Ele deseja fazer.

No processo de concepção de uma vida, devido à nossa tendência humana de tentarmos controlar tudo ao nosso redor, é natural nos iludirmos, como se pudéssemos ter o controle de coisas que claramente não cabem em nossas mãos. Pensando nisso, começo a refletir sobre a história de Ana, mãe de Samuel, um exemplo de mulher persistente e dependente do Senhor.

Em 1 Samuel 1.5, a Bíblia fala que o Senhor havia deixado Ana estéril em uma época em que mulheres sem filhos eram enxergadas como "amaldiçoadas por Deus" e culpadas por prejudicar

— Capítulo 2 —

o futuro da família. Notamos, contudo, que a maioria dos casos de infertilidade não remetem a um "castigo", mas a uma enfermidade **permitida**, e não **causada**, por Ele. Com isso, fica claro que o Senhor enxergava essas mulheres desfavorecidas e as acolhia com todo o Seu amor.

Na história de Ana, vemos a afeição que seu marido, Elcana — que também era esposo de Penina —, tinha por ela. Todos os anos, esse homem saía de sua cidade para adorar o Senhor. Ao fazer o sacrifício, ele oferecia porções a Penina e seus filhos; mas à Ana, dava parcela dobrada, pois a amava mesmo ela sendo estéril (cf. 1 Samuel 1.5). Penina, por outro lado, provocava a segunda esposa por sua infertilidade (cf. 1 Samuel 1.6). Certo dia, Ana, com amargura de alma, orou no templo, chorou muito e fez um voto dizendo que, se Deus olhasse para sua aflição e a atendesse, ela dedicaria seu filho a Ele por todos os dias de sua vida (cf. 1 Samuel 1.10-11). Eli, o sumo sacerdote que vivia no templo, achou que Ana estava embriagada, pois ela só falava em seu coração. Os seus lábios se moviam, mas não se ouvia voz alguma (cf. 1 Samuel 1.12-14). Entretanto, a Palavra nos mostra que, depois do tempo de oração, Ana se alimentou e seu semblante mudou: ela já não estava mais abatida, pois finalmente havia descansado em Deus (cf. 1 Samuel 1.18). Depois desse episódio, o milagre foi concedido e a promessa foi mantida: Ana engravidou e, após o desmame, entregou seu filho a Eli (cf. 1 Samuel 1.19-28).

Isso me faz pensar se Ana se entregaria seu filho a Deus caso não tivesse vivido esse processo. Será que ela O buscaria tão intensamente se não fosse estéril? Em 1 Samuel 1.27-28 diz: "Era por este menino que eu orava, e o Senhor Deus me concedeu o pedido que eu fiz. Por isso também o entrego ao Senhor. Por todos os dias que viver, será dedicado ao Senhor [...]". Como teria sido a história se aquela mulher não precisasse pedir e esperar? Será que Samuel teria sido dedicado ao Senhor, sido consagrado tão pequeno e, mais tarde, se tornado um grande profeta? E, da parte de Ana, acaso teria ela desenvolvido um relacionamento tão profundo e genuíno com Ele se não tivesse passado por tamanha tristeza?

A Escritura relata que, na manhã seguinte à sua oração, ela e seu marido tiveram relações, e o Senhor se lembrou dela (cf. 1 Samuel 1.19). Toda dor se transformou em alegria, o que nos mostra que até mesmo os momentos que consideramos ruins, nas mãos de Deus, se tornam um propósito e um testemunho. N'Ele, o mal intencional se torna bem. A esterilidade de Ana trouxe valor e entrega total, não só de seu coração, mas da vida de Samuel, o qual se tornou um grande homem de Deus.

O Senhor tinha um plano para cumprir e Ana seria o caminho para isso, afinal, Samuel foi o primeiro dos profetas na história de Israel, um dos maiores líderes do povo e o último dos juízes, aquele que ungiu os primeiros reis. Ele é um exemplo para nós até hoje, e é mencionado pelo escritor de Hebreus como um dos heróis da fé (cf. Hebreus 11.32).

Assim como no relato de Ana, em diversas ocasiões na Bíblia, fica claro que Deus está no meio da crise e depois dela também. Um exemplo disso é a história de José. O Senhor não garantiu a ausência de problemas, mas prometeu fazer da sua dor um propósito maior. José foi traído por seus irmãos, aprisionado de forma injusta (cf. Gênesis 37.23-28), e tudo que deveria destruí-lo o tornou mais forte. Sua túnica rasgada se transformou em traje real, e não seria ousado demais dizer que ele se tornou o segundo homem mais poderoso

— Capítulo 2 —

do país, salvando, na época, o mundo da fome (cf. Gênesis 41.37-41; Gênesis 47.24-25). A vida de José representa, basicamente, o princípio trazido por Paulo na carta aos romanos: "Sabemos que todas as coisas cooperam para o bem daqueles que amam a Deus, daqueles que são chamados segundo o seu propósito" (Romanos 8.28). Com base nisso, tenho certeza de que o momento que você, leitora, está vivendo hoje cooperará para o propósito de Deus em sua vida.

Em minha vida, especificamente, Deus continuou a provar meu senso de confiança. Três meses antes de conceber, consultei-me com um médico e começamos um processo para ajustar minha saúde, a fim de que eu pudesse viver da melhor forma esse momento tão especial. Passei a treinar com um *personal* três vezes por semana, compramos marmitas saudáveis, comecei a trabalhar como psicóloga e senti que tudo estava sob controle; organizado, saudável e perfeito.

Entretanto, quando engravidei, todas essas precauções pareceram não ter nenhum efeito, uma vez que comecei a passar muito mal, vomitar, emagrecer e me sentir fraca. Em determinado momento, tive um sangramento que me assustou e me fez parar de me exercitar. Tomar banho e dobrar uma coberta pareciam tarefas impossíveis para mim, pois eu me encontrava totalmente sem energia e vulnerável. Em minha mente, então, me lembrei de que não tenho o controle.

Por isso, quando vou ao médico e vejo nosso filho, chamado Sun, bem e se desenvolvendo, repito para mim mesma que quem tem o mundo em Suas mãos é Deus e Ele sabe o motivo de tudo.

— Capítulo 2 —

A única coisa que eu preciso fazer é aprender com o processo, com a minha vulnerabilidade e não mais questionar o "porquê", mas compreender o "para quê". Fazendo as perguntas certas, amadurecemos na fé e aproveitamos todos os ensinamentos que Deus está deixando para nós: o que Ele quer me ensinar com tudo isso? O que eu posso aprender? Como posso inspirar outras pessoas com isso?

Controle e entrega não combinam; é preciso escolher um ou outro. Agora, existe uma paz baseada no fato de que Ele cuida de nós. Nunca vi Deus desamparar alguém, você já? Quando entregamos, encontramos essa segurança que vem dos Céus e muda até o nosso semblante, pois existe poder na rendição e no descanso.

Em contrapartida, no anseio por controle, podemos entrar em um ciclo vicioso de insegurança, medo e ansiedade, focando toda a nossa atenção nas dificuldades e problemas de determinado momento difícil que estamos passando. Seja você uma tentante, uma mãe na fase da gestação ou uma mãe com seu filho nos braços, saiba que, ao vermos nossos problemas somente como dificuldades, a possibilidade de nos tornarmos mulheres irritadas e amargas é grande. No entanto, se olharmos para as mesmas circunstâncias como provações que Deus usa para a Sua Glória e para nos dar maturidade, até mesmo o menor dos incidentes se torna positivamente relevante. Gerar uma criança nos forja, e não poder gerá-la também. Ainda que não seja o tempo certo, somos esticadas, e isso nos aproxima do caráter de Cristo.

> *Assim, entendo que é necessário recordar que, quando Deus nos chama, Ele provê, e não nos coloca em uma enrascada sem Suas mãos para nos sustentar.*

Gerar um filho nos forja, e não poder gerá-lo também. Ainda que não seja o tempo certo, somos esticadas, e isso nos aproxima do caráter de Cristo.

— Capítulo 2 —

O que muitas vezes nos deixa perdidas nesse período são os questionamentos e, principalmente, a incerteza de quando a dificuldade passará para finalmente podermos ver a luz no fim do túnel. Nós nos esquecemos de que Deus tem Seu próprio tempo, e queremos que Ele aja conforme a nossa agenda. Li no livro *Deus vai cuidar de você*, de Max Lucado, o seguinte trecho:

> Foram 120 anos preparando Noé para o dilúvio. Oitenta anos para preparar Moisés para sua missão. Deus chamou Davi para ser rei, mas mandou ele de volta para pastorear ovelhas. Ele chamou Paulo para ser apóstolo e o isolou na Arábia por cerca de três anos. Jesus permaneceu na Terra por três décadas antes que pudesse construir algo além de uma mesa de jantar.[3]

Deus tem Seu próprio tempo: tempo de gerarmos de forma natural, tempo de gerarmos de forma espiritual, tempo de não gerarmos, tempo de passarmos por processos difíceis e dolorosos, e tempo de vivermos a beleza da maternidade. Tudo tem o seu momento determinado, e há uma hora certa para todo propósito debaixo do céu (cf. Eclesiastes 3.1). Ele, sim, tem o controle, e nós precisamos apenas enxergar o que nos cerca com a perspectiva do Alto.

Certo dia, comecei a sentir algumas dores e sintomas que nos fizeram suspeitar que eu estava com infecção urinária e, obviamente, fiquei preocupada com a possibilidade desse problema prejudicar o bebê. Quando fui a uma consulta e fiz exames, o resultado foi que meu organismo estava extremamente alterado. Meu marido, imediatamente, ligou para o médico, o qual estava

---

[3] LUCADO, Max. **Deus vai cuidar de você.** Rio de Janeiro: Thomas Nelson Brasil, 2015.

operando uma pessoa. Por isso, até que ele terminasse a cirurgia, tivemos de lidar com a incerteza. Chorando muito, fui para o tempo de adoração que temos todos os dias na Escola de Missões, e uma das músicas cantadas naquela noite dizia: "Podes ter tudo, Senhor, cada parte do meu mundo".[4] A pessoa que estava ministrando, de repente, passou a cantar: "Deus, Tu podes ter meus sonhos. Eu ainda vou amá-lO se Tu me disseres 'não'. Eu ainda vou amá-lO se tirares o que eu mais amo".

Ouvir aquilo fez meu peito doer e me questionei se, de fato, amaria a Deus se algo acontecesse ao Sun, nosso filho. Acaso eu aceitaria e entenderia, de fato, que Ele sabe o que faz e que é sempre bom? Aquilo foi o suficiente para que eu rasgasse meu coração e fizesse uma oração ousada. Eu disse: "Deus, eu quero amá-lO nesse nível. Quero estar tão satisfeita no Senhor que perder tudo não diminuiria e não mudaria meu amor por Você. Ensina-me a amá-lO quando Você me tomar algo. Pai, Você realmente pode ter tudo". Após o término do culto, recebemos a ligação do médico, que nos acalmou afirmando que tudo estava bem com o bebê e comigo; porém, algo estava diferente em meu coração, e pude sentir que passei a amar mais a Deus.

É muito fácil falarmos para o Senhor que Ele pode ter tudo, quando nada que é nosso importa tanto. No entanto, quando temos algo de valor, nosso coração dói com a possibilidade de perdê-lo. Por descuido, caímos no erro de amarmos mais a nossa família, nossos amigos e bens do que a Ele. Mais do que isso, nossa alegria passa a estar fundamentada no que temos.

---

[4] JOHNSON, Brian; STRAND, Lindsey. **Have it all.** Redding: Bethel Music, 2015. 1 álbum, faixa 3 (6 min.).

— Capítulo 2 —

Pensando nisso, gostaria de lançar algumas perguntas para que você possa refletir a respeito de seu próprio coração e de sua vida hoje. Você amaria a Deus se Ele dissesse que você não irá se casar ou ser mãe? Ou, ainda, amaria o Senhor se Ele lhe contasse que você deve se casar mais cedo do que idealizou? Ou se Ele a direcionasse para ter filhos mesmo que esse não seja o seu maior sonho, ou até mesmo a ter mais filhos quando você já está exausta? E se você não pudesse gerar uma criança? Com essas perguntas, questione a si mesma: quanto do controle está em suas mãos e quanto, de verdade, você entregou a Ele?

Uma questão importante para pensarmos é: se Deus nos pedir tudo aquilo que é valioso para nós, ainda continuaremos a amá-lO apaixonadamente, queimando por Sua presença todos os dias? Se você, como eu, se sentiu confrontada em realmente amar o Senhor mais do que tudo, mais do que o "sim" que Ele nos dá para nossos sonhos e planos, eu a convido a abrir seu coração e pedir para que o Espírito Santo lhe preencha e satisfaça, até que Ele seja o motivo de suas ações, escolhas e seu maior propósito. Na busca por mantermos a chama acesa e permanecermos apaixonadas por Cristo, temos de lembrar que Ele é mais importante que a nossa maternidade, que a nossa família e que nossas próprias vidas. E, nessa caminhada, nós estamos juntas.

> *Devemos refletir sobre algo muito importante: se Deus nos pedir tudo aquilo que amamos, ainda continuaremos a amá-lO apaixonadamente, queimando por Sua presença todos os dias?*

Oração:

 Querido Deus, eu quero que o Senhor seja o centro da minha vida. Desejo amá-lO mais do que as garantias que pode me dar, mais do que as Suas promessas e mais do que os meus planos. Sei que, sem o Seu Espírito Santo, sou incapaz de fazer qualquer coisa. Por isso, ajuda-me a olhar a fase que estou vivendo com a Sua perspectiva, pois, com os Seus olhos sobre a minha vida, terei maior compreensão de que tudo coopera para o meu bem.

 O Senhor pode ter tudo. Toma o controle da minha história, pois não quero ficar com ele e não desejo governá-la. O Senhor faz tudo muito melhor do que eu. Obrigada por me amar e por transformar cada parte de minha vida em propósito, tirando-me da zona de conforto, para que, a cada dia, eu me torne mais parecida com Cristo. Em nome de Jesus, amém.

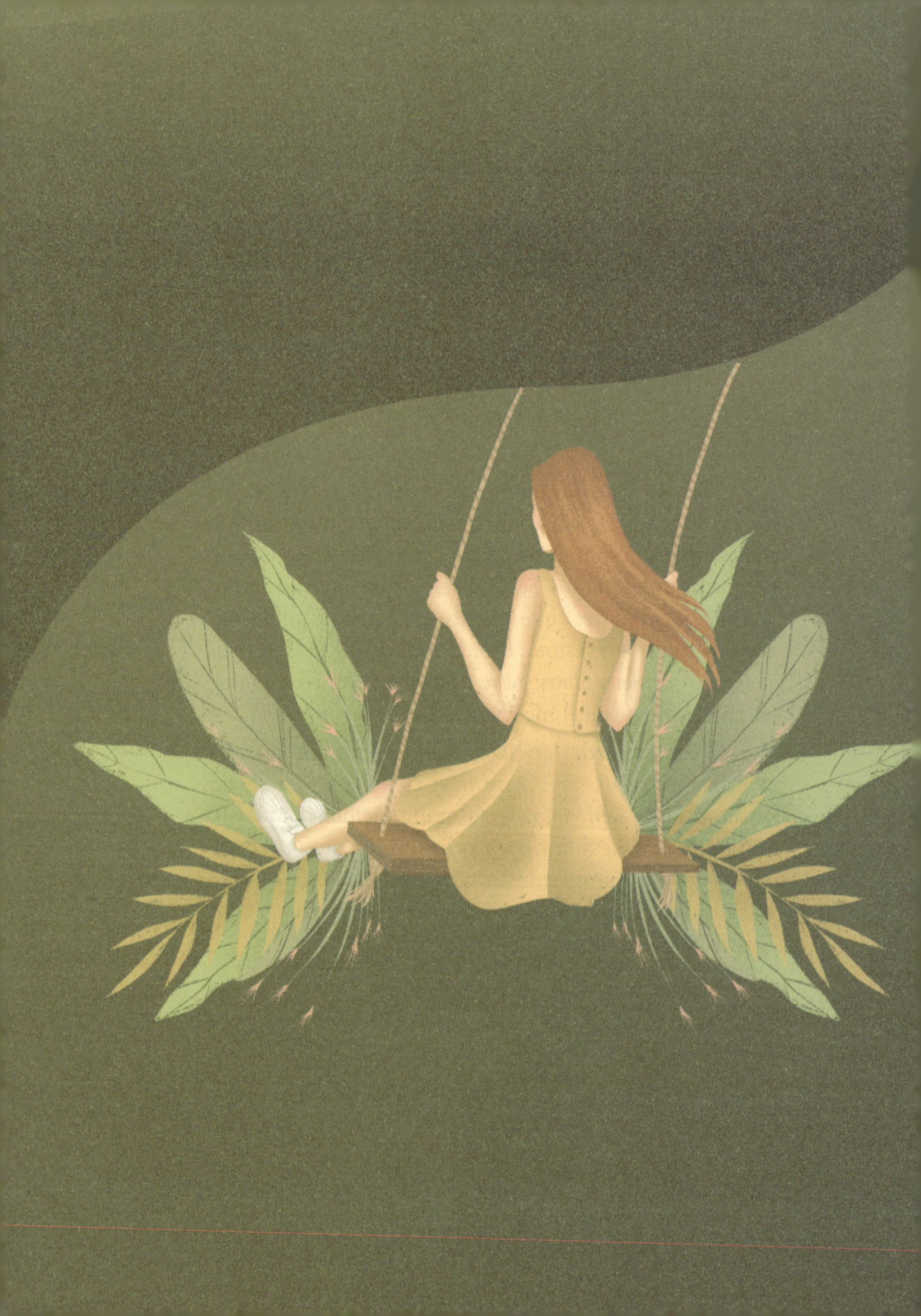

Capítulo 3

Visite seu passado:
expectativas e realidades da maternidade

Por Ester Lara e Lívia Bember

Ester Lara

Certa vez, lendo sobre alguns estudos realizados com macacos, fiquei profundamente tocada com a realidade demonstrada no que diz respeito à criação de filhos: a forma como os criamos hoje é influenciada pela maneira que fomos cuidadas quando pequenas. A pesquisa mostrava que macacas tratadas amorosamente por uma mãe receptiva normalmente cuidavam de seus próprios bebês de modo semelhante. O mesmo valia para aquelas que haviam sido maltratadas. Os resultados foram contundentes, comprovando a relação entre passado e presente na criação dos filhos, a qual é transmitida de geração em geração.[1]

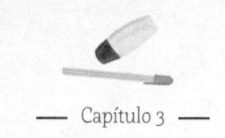

Ao falarmos sobre maternidade, é impossível não nos depararmos com a nossa própria história e com eventos ou processos importantes que marcaram essa jornada pessoal até chegarmos na construção de nossa família. Embora este livro seja para mães, um dia toda mãe foi uma filha, qualquer que tenha sido o contexto que vivenciou. Isso foi o que lhe proporcionou inúmeras experiências que, hoje, permeiam quem você se tornou.

Talvez, ao pensar em visitar seu passado, pode ser que você se feche completamente por medo ou indiferença. Contudo, precisamos encarar esse processo de "retorno" como algo que exerce completa influência na criação de nossos filhos, afinal, não temos o poder de simplesmente anular o que nos trouxe até aqui. Ignorar o passado é o caminho para repeti-lo, porém, viver o extremo oposto é igualmente prejudicial. É importante sabermos que não olhar para trás seria a atitude oficial de uma maternidade desequilibrada e em desacordo com a nossa identidade, que deve ser baseada na vontade de Deus.

Em geral, muitas mães tendem a criar os filhos do mesmo modo que aprenderam em sua infância. Outras, no entanto, tornam-se aversas à maneira com que foram cuidadas, buscando o contrário. Contudo, essa dinâmica, quase sempre, acontece de modo desajustado. A verdade é que podemos tanto imitar como nos

---

[1] JAMES, Oliver. **Como desenvolver saúde emocional.** Tradução de Cássia Zanon. 1. ed. Rio de Janeiro: Objetiva, 2015.

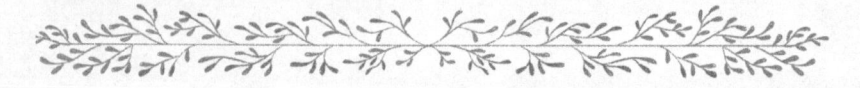

— Capítulo 3 —

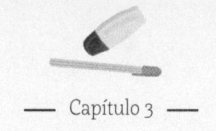

rebelar contra o passado em momentos diferentes de nossas vidas. Experiências antigas que permeiam nosso presente acabam nos empurrando a esses movimentos negativos em nosso comportamento, devido à indisposição que temos de resolver nossas questões. Entretanto, para que isso não se intrometa em seu futuro e o destrua, você precisará encarar, ressignificar e aprender com seus erros.

Sabemos que a maternidade altera e mexe com nossas emoções e com nossa vida como um todo. Uma coisa intrigante e latente que ocorre com as mães é que a chegada de uma criança dispara memórias profundas do que significa ser um bebê.[2] Ou seja, essa vinda (planejada ou não) ativa sentimentos a respeito de termos sido desejadas ou desprezadas, bem cuidadas ou negligenciadas, protegidas ou agredidas. Com base no modo como nossos cuidadores nos trataram, experimentaremos sensações, pensamentos, lembranças e, principalmente, comportamentos automáticos influenciados de maneira inconsciente. Precisamos levar em consideração que, mesmo antes de nossa mente poder assimilar experiências com nossos pais, nossa alma já absorvia muita coisa. Por mais subjetivo que isso possa parecer, trata-se de uma realidade irrefutável.

Permita-me contar uma experiência pessoal nesse sentido. Quando nosso caçula Bernardo, hoje com quatro anos, tinha oito meses de vida, foi acometido por uma bronquiolite, ou uma infecção nos brônquios, os quais são responsáveis por levar oxigênio

---

[2] CARVALHO, M. **O bebê imaginário, as memórias dos cuidados parentais e as representações sonoro-musicais na gravidez no estudo da representação da vinculação materna pré-natal e da orientação para a maternidade.** Lisboa: dissertação de doutorado para a Faculdade de Psicologia — Universidade de Lisboa, 2011.

— Capítulo 3 —

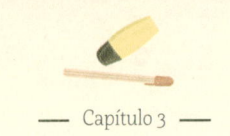

aos pulmões.³ O quadro clínico dele se agravou após algumas tentativas de medicações em casa. Tivemos de interná-lo às pressas na UTI, e eu me lembro claramente que, em seu primeiro dia no hospital, ele teve uma broncoaspiração (entrada de substâncias estranhas, como alimentos e saliva, na via respiratória)⁴ após ser alimentado.

Sem dúvidas, este foi um dos piores momentos da minha vida e, com certeza, o de maior tensão. Ali, eu me vi sozinha com meu filho praticamente morto em meus braços. A equipe médica iniciou de imediato os procedimentos necessários, e o pavor quis tomar conta de mim. Entretanto, naquele instante, lembrei-me da minha mãe, uma heroína na fé que nunca perdeu batalha alguma. Suas orações sempre tocaram o coração do Senhor e todos à sua volta. Enquanto olhava para o Bernardo sendo socorrido, e com um grupo expressivo de profissionais ao meu lado, intensifiquei o meu clamor. Recordei-me da voz de minha mãe que sempre nos dizia: "A oração move os Céus". Foram longos dez dias dentro de um hospital. Tivemos momentos de péssimas notícias, porém, sempre ecoava dentro de mim a certeza e marca da ousadia. Por fim, recebemos o milagre, e nosso menino venceu e se recuperou!

---

³ DANESI, Alessandro. **Vírus sincicial respiratório (VSR) é comum nesta época do ano e pode ser grave em recém-nascidos.** Publicado por *Hospital Sírio-Libanês* em junho de 2017. Disponível em *https://hospitalsiriolibanes.org.br/sua-saude/Paginas/virus-sincicial-respiratorio-comum-epoca-ano-grave-recem-nascidos.aspx*. Acesso em setembro de 2021.

⁴ **Prevenção de broncoaspiração.** Publicado por *Hospital Sírio-Libanês*. Disponível em *https://hospitalsiriolibanes.org.br/portal-paciente/Documents/prevencao-broncoaspiracao.pdf*. Acesso em setembro de 2021.

—— Capítulo 3 ——

Após enfrentar esse e outros desafios da maternidade, passei a sempre carregar o impulso inato e automático de recorrer à oração de maneira intensa e cheia de fé. Era interessante que a forma como eu clamava, declarava e agia era muitíssimo parecida com a da minha mãe, inclusive as palavras usadas, a entonação etc. Claramente eu sabia que não se tratava de uma imitação "performada", mas de um reflexo do passado. Às vezes, pensamos nesse princípio de inevitabilidade apenas por um lado negativo, mas ele se aplica também a coisas boas.

Houve, no entanto, alguns momentos em que me vi replicando comportamentos nocivos ou, pelo menos, não tão virtuosos, e a lógica foi a mesma. Também havia práticas guiadas e fortalecidas por meu passado, pela maternidade herdada em minha casa, pelas memórias e experiências que tive ainda criança. Com isso, o que quero enfatizar é justamente o poder e influência que nossa história como filhas tem de interferir em nossa realidade como mães.

Todas nós gostaríamos de começar qualquer etapa de nossa vida do zero, pensando e agindo a partir de cada linda teoria e ensino que julgamos ser melhor, mais efetivo e bonito; porém, é impossível fazê-lo. As publicações que vemos nas redes sociais sobre a expectativa *versus* a realidade referem-se a isso. Na maioria das vezes, nossos desejos são sabotados por não levarmos em consideração o que nos trouxe até aqui.

Desconheço uma mãe que não ficou desapontada em algum instante da maternidade e, aqui, não me refiro aos aspectos que envolvem o bebê, pois são muitos, mas desejo tratar da frustração com nós mesmas. É doloroso e rude o fato de nos vermos agindo da maneira que repudiamos, e é constrangedor perceber que estamos vivendo o oposto do que pregamos. Mais duro ainda é ver que estamos machucando nossos filhos com uma dor que já sentimos quando ela foi causada por nossos pais ou cuidadores.

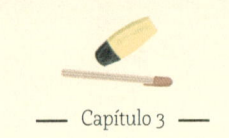

É impossível esconder nossa incapacidade de agir nessas situações conforme as teorias inspiradoras que vemos. Contudo, por que não conseguimos colocar tudo em prática com mais facilidade? Um dos motivos, e justamente o que estamos abordando, é a necessidade de visitarmos nosso passado a fim de olhá-lo nos olhos e tirarmos aprendizados profundos dele.

Tudo que nos atrapalha a viver conforme o que Deus planejou torna-se um grande inimigo da maternidade saudável e abençoada. Isso ocorre porque uma história mal resolvida traz memórias e impulsos que nos obstruem nessa jornada. Podemos concluir que aí está uma das tensões e elos fracos entre a expectativa e realidade da criação de nossos filhos.

Agora que já compreendemos a importância de visitarmos nosso passado da maneira correta, é hora de trabalharmos esse retorno de modo mais prático. Para isso, quero abordar esses três aspectos: encarar, ressignificar e aprender.

Encarar

Não acredito em reviver ou remoer o passado, nem em negá-lo. Quando proponho encarar, refiro-me a uma visita responsável, consciente e centrada em Cristo, ou seja, provida do perdão de Deus a mim, a meus pais e a quem quer que seja. Um retorno

—— Capítulo 3 ——

com gratidão, porque todas as coisas cooperam para o meu bem (cf. Romanos 8.28), e com sabedoria para interpretar corretamente minha história. Nossa trajetória pertence somente a nós, mas nosso passado não nos define (cf. 2 Coríntios 5.17). Não podemos passar por esse processo a fim de tentarmos descobrir quem somos ou deixamos de ser, pois isso já foi determinado por Deus e por Sua Palavra. Então, devemos encará-lo para não permitir que ele tenha uma influência "não desejada" em nosso presente e, por consequência, em nosso futuro.

Pense em um atleta que sofreu um corte em seu corpo, que é sua principal ferramenta de trabalho. Enquanto a ferida estiver aberta, ele não poderá atuar em um nível normal e, muito menos, com alta *performance*. Todavia, se esse machucado se tornar uma cicatriz, ele terá o mesmo rendimento que tinha antes. Da mesma forma, é a nossa relação com o passado. Qualquer um consegue ter uma vida normal com cicatrizes, mas ninguém é capaz de viver de maneira saudável se estiver cheio de ferimentos expostos.

> *A forma como os criamos hoje é influenciada pela maneira que fomos cuidadas quando pequenas.*

Ressignificar

Ressignificar o passado nada mais é do que o processo de transformar um corte em cicatriz, ou seja, dar o significado correto para algo que, um dia, nos marcou. Talvez você tenha atribuído algum sentido aos sinais e eventos que ocorreram em sua história. Por exemplo, há pessoas que, a partir de uma agressão verbal, definiram para sempre quem elas são e quem as ofendeu, carregando mágoas e um complexo de inferioridade.

Essa etapa propõe que enxerguemos esse evento traumático sob a luz do Evangelho, com amor e lucidez, retirando todos os rótulos e olhando para frente sem peso. O que você precisa ressignificar em sua história? O passado pode ser uma visita inconveniente e até mesmo trágica se não mudarmos seu sentido. Você está pronta para enxergar aspectos de sua vida que precisam ser redefinidos? Às vezes, alimentamos desculpas e limitações confortáveis desde a infância, baseados em nossos traumas. Dar novos sentidos a essas meias verdades (portanto, mentiras) será trabalhoso e desafiador, mas também necessário para que você possa avançar.

Aprender

Gosto muito da seguinte filosofia "aprenda com seu passado, trabalhe no seu presente e construa seu futuro". Uma vez que você acessou sua história para encará-la e teve o árduo trabalho mental, emocional e espiritual de ressignificá-la, você precisa, agora, admitir para si a lição correta. Somente aprenderemos com os erros e acertos dos nossos pais, de nós mesmas ou de outras pessoas, se isso for feito de maneira adequada e se formos humildes a ponto de nos enxergarmos como alunas. Precisaremos observar nosso passado a fim de consolidar um novo conhecimento que modelará nossa vida virtuosamente, aprendendo a não fazer algumas coisas, e a praticar outras do modo certo. Tudo é ensinamento, tudo é experiência.

Perceba que esse exercício lhe tirará do piloto automático que exerce influência sobre seu comportamento, e lhe fará tomar as rédeas de seu dia a dia para se tornar quem intencionalmente

— Capítulo 3 —

você deseja ser. Portanto, visite seu passado a fim de não ser a mesma! Desvencilhar-se do que lhe atrasa e destrói, enquanto abraça o que lhe fortalece e transforma, será renovador em sua vida e maternidade (cf. Filipenses 3.13-14).

Tudo o que falamos aqui não serve para perpetuar lembranças e lhe aprisionar, mas para que você possa se libertar e seguir em frente. Para isso, quero que faça uma oração e, finalmente, caminhe em novidade de vida.

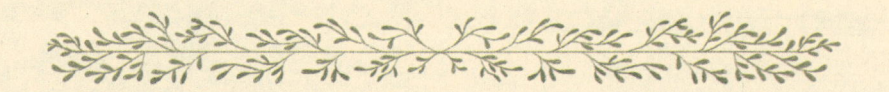

Oração:

Pai de amor e graça, peço forças, luz e sabedoria para visitar meu passado, primeiramente, em oração. Eu rejeito toda influência negativa que minha história possa exercer sobre mim, pois desejo ser plena e saudável em minha maternidade. Perdoa-me por cada pecado e omissão em minha trajetória como mãe. Foi o Senhor quem me deu essa linda missão de carregar e cuidar do(s) meu(s) filho(s). Portanto, é ao Senhor que recorro agora, em fé e gratidão, para que me ajudes e encorajes nessa empreitada. Que minha vida e maternidade glorifiquem Seu nome por todos os dias enquanto eu respirar. Amém!

— Capítulo 3 —

Lívia Bember

Desde pequena, sonho com uma família. Minha geração cresceu vidrada em filmes de princesas, e comigo não foi diferente. Eu acreditava fielmente que as coisas eram romantizadas assim como nos filmes. Quando me tornei adulta, deparei-me com algumas situações que, muitas vezes, trouxeram-me para a realidade, alimentando medos, ansiedades e traumas, e me fazendo desacreditar na beleza que é construir um lar. Hoje, depois de amadurecer em muitas áreas, admito que ter essa experiência ao lado do Jesus é muito melhor do que tudo a que assisti na televisão. É mais desafiador e real, mas, exatamente por isso, é muito mais divertido. Que graça teria se as coisas fossem todas perfeitas? Além disso, com o Espírito Santo, temos o privilégio de ressignificar todos esses traumas, lançar na Cruz nossos temores e descansar.

Com o tempo, enquanto crescia, notei que tinha a tendência de me envolver emocionalmente com as pessoas de forma tão intensa que me esquecia de mim e, principalmente, de Deus. Havia um vazio em meu coração que fazia com que, sem perceber, eu projetasse a necessidade de preenchê-lo com alguém que não era responsável por fazer tal coisa. Aquele espaço devia pertencer somente ao Senhor, e quando compreendi que nenhum sonho ou homem deveria ocupá-lo, tudo mudou, tornando-se mais leve e orgânico.

Podemos estar solteiras e idolatrar um ideal de família. Da mesma forma, é possível estarmos casadas e, ainda assim, alimentarmos esse ídolo. Não importa a nossa situação atual, se não compreendermos que ninguém tem a obrigação de nos preencher, nos tornaremos mulheres amargas que sempre esperam dos outros mais do que podem dar. Isso gera frustração e não apenas dificulta nossa vida, mas, também, a de quem nos rodeia. Hoje, consigo imaginar o quão complicado seria criar filhos com esse vazio em minha alma, querendo que eles suprissem em mim o que nunca seria de responsabilidade deles.

Você já se deparou com mães que são dependentes de seus filhos? Que querem que eles sejam e façam determinadas coisas que não são seu papel? Isso é extremamente triste para ambos. Muitas vezes, nos decepcionamos com situações naturais da vida que fogem de nossos padrões imaginários e, por isso, perdemos a oportunidade de vivenciar com excelência aquilo que Deus tem para nós, que é bom, perfeito e agradável (cf. Romanos 12.2). Também nos esquecemos de que "[...] nem olhos viram, nem ouvidos ouviram, nem jamais penetrou em coração humano o que Deus tem preparado para aqueles que o amam" (1 Coríntios 2.9).

O que Deus tem para nós é perfeito, porém, isso em nada se parece com o que nossos olhos idealizam, muito menos com aquilo que nosso coração carente deseja. Quanto mais perto do Senhor estivermos, mais as nossas expectativas serão alinhadas com a realidade dos Céus, e mais maduras e pacíficas nos tornaremos.

Durante minha jornada sentimental, estive tão focada na maneira com que o outro precisava atender ao que eu esperava, que me distanciei de quem **eu** deveria ser. "Ele necessita ser extremamente inteligente, eu não". "Ele tem de ser de tal forma, mas eu não". Meu coração estava cheio de egoísmo.

Quando olho para trás, percebo que tinha uma visão completamente desalinhada de Deus. Imagino que, se não entregasse meu ego a Ele e compreendesse esse aspecto antes de me casar, isso traria

Capítulo 3

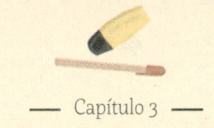

inúmeros prejuízos à família que eu estava formando e à criação do meu filho.

Devido aos traumas e frustrações que passamos, temos a tendência de acreditar que relacionamentos são difíceis, complexos e até pesados; porém, quando estamos fundamentadas no lugar certo, tudo se torna leve, divertido e cheio de paz, mesmo havendo dias complicados. A verdade é que pessoas difíceis têm relacionamentos difíceis. Mães traumatizadas traumatizam seus filhos. É uma realidade dura saber que podemos reproduzir comportamentos, principalmente aqueles que nos afetam de forma inconsciente e que não trabalhamos para melhorar. Mulheres curadas curam. Mulheres amadas amam. Quanto mais nos dedicarmos para sermos pessoas melhores, mais fácil será vivermos em família e mais prazerosa se tornará a maternidade.

Depois de compreender como o meu ego afetava minhas relações, aprendi com o namoro que fundamentá-lo no que o outro pode ser e fazer é completamente inútil, afinal, sou eu quem precisa melhorar. Se você é casada, sabe tanto quanto eu que o sucesso matrimonial é feito de decisões diárias. Às vezes, nosso parceiro será extremamente irritante, e precisaremos escolhê-lo. Entretanto, em algum momento, também seremos grosseiras, e nossos maridos e filhos terão que decidir nos perdoar. Se você fundamentar seus relacionamentos na espiritualidade do outro, quando ele ou ela falhar, você irá titubear. Da mesma forma, se baseá-lo na inteligência, quando se deparar com alguém mais sábio e inteligente, você será abalada. Isso vale

> *A verdade é que pessoas difíceis têm relacionamentos difíceis. Mães traumatizadas traumatizam seus filhos.*

— Capítulo 3 —

para o casamento e para a maternidade; afinal, você conhecerá crianças mais bonitas, habilidosas e talentosas, mas nunca com características tão únicas e individuais como o presente que você tem como filho.

O amor não é apenas um sentimento, ele é visto, por exemplo, quando você escolhe sua família em situações desagradáveis. A maior prova de amor que você pode oferecer é decidir amar seu cônjuge e filho quando eles, aparentemente, não merecem.

Nessas relações, principalmente na maternidade, passamos a "morrer" devagarinho para nós mesmas. Dormimos menos para que eles durmam mais e descansem; renunciamos ao último pedacinho do chocolate para que eles comam. Afinal, nos doarmos ao outro não é, justamente, nossa maior missão? A Bíblia é clara quanto ao mandamento de amar a Deus sobre todas as coisas e ao nosso próximo como a nós mesmas (cf. Mateus 22.37-39). Quem, então, seria mais próximo do que nosso cônjuge e filhos?

Se você chegou até aqui, saiba que tem o privilégio de recomeçar e trazer à memória as áreas em que precisa melhorar. Quando não temos consciência de nossos atos, agimos de forma automática, reproduzindo exatamente aquilo que sempre dissemos que não faríamos. Entretanto, hoje, você pode escolher não repetir os comportamentos dos seus pais e familiares que não lhe fizeram bem. Todas nós somos capazes de agir diferente. Seu passado não tem o poder de definir seu futuro e identidade como mulher e mãe. Temos o Espírito Santo que nos ajuda a sermos melhores e refletirmos quem Ele é em todos os aspectos de nossas vidas.

Oração:

Deus, sou grata porque o Senhor preencheu o vazio que havia em meu coração. Grata pela compreensão de que és o único que pode satisfazer tanto a minha alma. Obrigada porque tenho a oportunidade de fazer as coisas de outra maneira, e ter o meu destino e o da minha família transformados. Peço a ajuda do Espírito Santo para me conduzir neste processo. Desejo ser uma mulher e mãe excelente, de acordo com a Sua Palavra. Reconheço que, muitas vezes, tenho repetido comportamentos que eu mesma reprovo, por isso, preciso de luz nos meus aspectos ruins. Que o Senhor traga cada um desses pontos à minha consciência e me ajude a mudar, para que, de fato, as coisas sejam diferentes. Obrigada por seres tão bom e por me escolheres. Em nome de Jesus, amém.

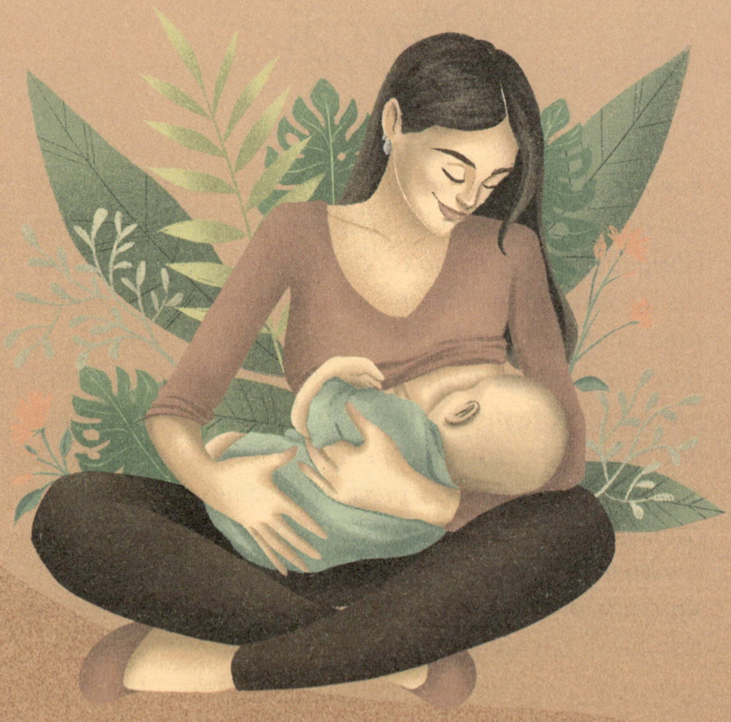

Capítulo 4

Puerpério

Por Juliana Rezende

LEIA: SALMOS 62

Nem sempre me importei em considerar meus sentimentos, e olhar para dentro de mim não era um exercício que costumava fazer. Mal sabia eu que sensações desconhecidas e indescritíveis estavam para chegar. Meu garoto nasceu no finalzinho de dezembro, após uma experiência intensa e maravilhosa de um parto para o qual havia me preparado demais. Como uma boa bióloga, pesquisei, estudei e revisei, me assegurando de todas as informações científicas. Foi um parto desejado, que durou horas, e uma preparação para a próxima fase que chegaria em minha vida. Todo esse processo foi como

— Capítulo 4 —

um portal, pelo qual não atravessei sozinha, mas juntamente de meu marido e filho.

Contudo, em seguida, o que deveria eu fazer com o bebê em meu colo? O que estava por vir? Deparei-me com um universo desconhecido em que eu só conseguiria superar os desafios se mergulhasse dentro de mim, criasse um forte vínculo com meu neném e, acima de tudo, aprofundasse a minha conexão com Deus. Eu estava face a face com o puerpério.

Todas as mulheres, após o nascimento de um bebê, passam por essa etapa. "Puerpério" é o nome dado ao período pós-parto em que ocorrem, no corpo e na mente, intensas mudanças físicas e psicológicas. É nele que transformações profundas acontecem do ponto de vista físico, uma vez que uma criança acabou de ser formada, nutrida e nascida por meio do corpo materno. Ao mesmo tempo, tais transições ocorrem no âmbito emocional, afinal, há uma enxurrada de hormônios que tocam nossas emoções e, por fim, afetam nosso comportamento, ou seja, a forma de lidar com os outros e com nós mesmas.

O puerpério é um tempo de reconhecimento da mulher que estamos nos tornando, já que, antes, não éramos mulheres que cuidam, nutrem e respondem por alguém. Do outro lado, existe um bebê, um ser novo neste mundo, alguém que acabou de chegar e que mudou toda a configuração familiar. Além de requerer atenção integral para sua sobrevivência fisiológica, esse recém-nascido depende da entrega materna total para os seus cuidados emocionais. mais do que a conciliação e adaptação de horários e rotina ao bebê, é uma descoberta dessa nova identidade que apenas é percebida quando abrimos espaço

— Capítulo 4 —

para ela, permitindo um encontro com o imprevisível e com a vulnerabilidade.

Antigamente, há uma ou duas gerações, era muito comum que as mulheres, após o nascimento dos seus bebês, tivessem outras ajudantes, dando suporte às tarefas que lhes eram encarregadas. Os afazeres relacionados à casa e às crianças (no caso de já terem outros filhos) eram feitos de maneira comunitária e, assim, além de receber cuidados físicos, ela ficava desobrigada de manter relações sexuais com seu esposo, tendo um tempo de dedicação exclusivo para o bebê. Enquanto isso, o marido ficava responsável por trazer provisão e alimento para o lar.[1] Esse período era chamado de quarentena, e é uma prática antiga. Vemos que, desde os tempos de Moisés, já era levado em consideração que a mulher, após o parto, teria essa etapa a cumprir, na qual também atenderia a um ritual de purificação (cf. Levítico 12).

Hoje, porém, vivemos em um contexto social totalmente diferente. O núcleo de nossa família (marido, mulher e filhos) normalmente mora afastado da família de origem (nossos pais, avós etc.). Em outras palavras, nossas crianças não crescem mais em comunidade, onde mães dividem a atenção e as responsabilidades umas com as outras. Também não temos essa rede de apoio que se forma de maneira orgânica, o que nos torna, muitas vezes, desamparadas em relação aos cuidados essenciais nos primeiros dias após a chegada de um bebê.

---

[1] BRENES, Anayansi Correa. **História da parturição no Brasil, século XIX.** Publicado por *Cadernos de Saúde Pública* em junho de 1991. Disponível em *https://www.scielo.br/j/csp/a/xFmLWvbx9BRGyJXW38gFXpP/?lang=pt*. Acesso em agosto de 2021.

O puerpério é muito mais do que a conciliação e adaptação de horários e rotina ao bebê; é uma descoberta dessa nova identidade, a qual apenas é percebida quando abrimos espaço para ela.

── Capítulo 4 ──

Uma mulher puérpera não deveria passar muito tempo sozinha. Ela precisa de amparo, assistência e da presença de outra pessoa; necessita alguém que dê a ela, ao mesmo tempo, ajuda e espaço para que exerça a maternidade que está desabrochando. De forma prática, o ideal seria que todas as tarefas que não fossem exclusivamente da mãe pudessem também ser cumpridas por outra pessoa. Assim, ela estaria disponível para aquilo que ninguém mais pode fazer. O pai, por sua vez, deve ser aquele que oferece todo o auxílio para que a mulher possa suportar a carga emocional.

Rede de apoio não é algo supérfluo nem uma regalia, mas uma necessidade básica para que mães e filhos possam ser atendidos de maneira generosa e amorosa. Outro motivo que faz esse grupo ser essencial é sua capacidade de proteger a mulher de aspectos invasivos, visto que é um período de intensa vulnerabilidade, construindo cercas de proteção que impedem ao máximo qualquer situação desagradável. O pai da criança, os avós e pessoas próximas podem fazê-lo muito bem. E essa função deve ser destacada, uma vez que é muito comum ouvir pessoas dizendo à recém-mãe como as coisas devem ser feitas. Por vezes, isso remove o seu espaço de descoberta e pode colocar suas capacidades em xeque. Costumo dizer que tudo que o bebê precisa, essencialmente, como mães, nós já temos: colo, presença, peito e afeto. No entanto, é necessário acreditarmos nisso. No momento vulnerável do puerpério, existem falas que reforçam a nossa falsa sensação de incapacidade e, no anseio de tentar provar para outros que somos "boas mães", não seguimos nossos instintos maternos e a habilidade que Deus depositou em cada uma de nós.

A respeito disso, o profeta Isaías afirmou: "[...] Será que uma mulher pode se esquecer do filho que ainda mama, de maneira que não se compadeça do filho do seu ventre? [...]" (Isaías 49.15).

— Capítulo 4 —

Essa declaração nos diz muito, pois compaixão significa bondade, amparo e auxílio, isto é, características presentes em uma mãe. Precisamos crer que somos aptas, sem carregarmos o peso de vivermos provando isso aos outros. Quando chega a nossa vez na maternidade, é o nosso momento de descoberta. Essa é a hora certa para recebermos amparo, abrindo espaço para o crescimento.

Como comunidade, a oferta de presença que fazemos para a mulher puérpera tem o intuito de voltar nosso olhar para ela e suas necessidades. É comum, nas visitas pós-parto, vermos presentes e festejos em prol da criança, o que é totalmente compreensível. Porém, é importante entendermos que os amigos e familiares não receberam somente um novo bebê, mas uma nova mãe. E não, isso não é uma disputa, mas é uma necessidade de expansão do olhar, afinal, a invisibilidade tem ligação direta com o sentimento materno após a chegada do filho. Muitas mulheres se sentem sozinhas, mesmo estando cercadas de pessoas. Elas têm a impressão de estarem perdidas em meio à multidão, sem ninguém que lhes estenda a mão e ofereça presença. A ideia de que, para ajudar uma puérpera, temos de retirar o filho dos cuidados dela e oferecermos atenção somente a ele não faz sentido. Mães, em alguns momentos, necessitam que o cuidado seja direcionado a elas.

> *Quando chega a sua vez na maternidade, é o seu momento de descoberta.*

Como mães, nos deparamos com a solidão, a qual nem sempre tem a ver com a ausência, mas com a desconexão. Esse é um sentimento que pode ser muito intenso e negativo, além de disparar gatilhos emocionais e gerar tristeza profunda, embora o motivo e a origem, muitas vezes, a mulher não possa explicar. Isso tudo

— Capítulo 4 —

é intensificado com as mudanças hormonais, que bruscamente acompanham os primeiros dias do puerpério. Elas conduzem ao choro fácil, à inabilidade de nomear sentimentos e à sensação de impotência. Essa condição é também chamada de *baby blues*, e é experimentada por muitas mães.[2] A falta de vivência e o bombardeio de informações transmitidas por pessoas mais experientes também potencializa a sensação de falta de competência, principalmente quando a mãe se depara com uma tarefa que acredita não ser capaz de executar adequadamente.

É necessário espaço para a exposição dos sentimentos e, culturalmente, não estamos preparados para isso. O puerpério vem acompanhado da ambivalência, o que significa que a mesma mulher que está muito feliz e satisfeita com a chegada do seu bebê e irradia vida, também está triste e exausta, vivendo um luto interno por conta das transformações e a alta demanda que seu filho exige. As emoções podem coexistir. Mas isso só será compreendido por uma rede de apoio que está afetivamente conectada à mulher e suas necessidades. O privilégio de ser ouvida e compreendida não deveria ser exclusividade de algumas, mas uma realidade para todas. E, por não ser assim, muitas de nós experimentamos um lugar sombrio, cheio de angústia.

Existe, porém, algo que eu aprendi com a Palavra de Deus: o Senhor auxilia as mães em aflição. Olhemos para Joquebede, uma mulher puérpera, ainda em vinculação profunda com o seu bebê, e nos coloquemos no lugar dela. Imagine o quão desesperador foi

---

[2] **Manual técnico, pré-natal e puerpério.** Publicado por *Ministério da Saúde* em 2006. Disponível em https://bvsms.saude.gov.br/bvs/publicacoes/manual_pre_natal_puerperio_3ed.pdf. Acesso em agosto de 2021.

— Capítulo 4 —

deixar seu filho em um cesto e lançá-lo no Rio Nilo. Por outro lado, a Palavra diz em Hebreus 11.23 que: "Pela fé, Moisés, depois de nascer, foi escondido por seus pais durante três meses [...] e não temeram o decreto do rei". Ela creu no Senhor e foi assistida em sua angústia ao ver a vida de seu filho ser poupada. Deus está com as mães, e certamente Ele também está com você! É nesse momento que entendo a necessidade de nos apegarmos à Sua Palavra, que diz: "Falei essas coisas para que em mim vocês tenham paz. No mundo, vocês passam por aflições; mas tenham coragem: eu venci o mundo" (João 16.33).

Em minha experiência de puerpério, sempre me lembrava de Jesus e da Sua identificação conosco como humanos. Ele experimentou a solidão e a incompreensão, mas sabia que não estava sozinho. A Bíblia nos diz também que: "Era desprezado e o mais rejeitado entre os homens, homem de dores e que sabe o que é padecer [...]" (Isaías 53.3). Ele vivenciou dor e rejeição, e houve ainda um momento de maior devastação emocional e sensação de abandono, quando, na cruz, sentiu-Se abandonado pelo Pai: "Por volta de três horas da tarde, Jesus clamou em alta voz, dizendo: — *Eli, Eli, lemá sabactani?* — Isso quer dizer: 'Deus meu, Deus meu, por que me desamparaste?'" (Mateus 27.46).

Dessa forma, eu tinha certeza de que, mesmo que as pessoas a quem eu mais amava (e que me amavam também) talvez não me compreendessem, o Senhor sabia o que eu estava passando, pois não há dor que Ele não conheça, e eu podia contar com Sua presença. Encontrei no puerpério Aquele que Se identificava com o meu sofrimento e que, acima de tudo, era capaz de me levar ao caminho da cura. Pude entender que, com a Sua presença, eu não estava sozinha, mas havia encontrado o Deus presente, Emanuel (cf. Mateus 1.23), e isso era suficiente para mim. Eu tinha achado Aquele que me compreendia: Jesus. Porém, ainda era necessário ter alguns encontros comigo mesma e com Deus, e enfrentar batalhas para que eu entendesse melhor as transformações que estava vivendo, esse processo ainda mais profundamente, e como o Pai Se fazia presente naquele momento.

A alma reserva surpresas nem sempre agradáveis. Muitas mulheres no puerpério relatam uma sensação de perda e de desencontro, como se não conseguissem se reconhecer e como se os mecanismos para vencer as batalhas na mente não funcionassem mais. Isso ocorre devido ao surgimento de uma nova identidade que se apresenta aos poucos a ela que, até então, era apenas filha (e nunca deixará de ser), mas que começa a abrir espaço para se tornar mãe de alguém.

Inevitavelmente, a puérpera entrará em contato com memórias do inconsciente de quando ela mesma ainda era bebê. Algumas vivências de como sua própria mãe lidou com ela virão à tona, mesmo sendo esse um acesso muito profundo. A partir daí, é possível que se destrave um processo de cura em sua vida, para que ela exerça a maternidade de modo leve e com liberdade. É um encontro com a mulher que sua mãe foi. Considero importante cada uma de nós olharmos para o período da nossa gestação, parto, aleitamento e primeiros dias de vida. Essa visão é essencial para a formação de nossa identidade como mães, no sentido de ponderarmos o que desejamos reproduzir ou não sobre os cuidados e criação de nossos bebês.

Pode parecer uma contradição quando falamos disso, afinal, se o bebê acabou de chegar, o que pode ter se perdido? E é aqui que

— Capítulo 4 —

começaremos a tratar de processos de aquisição e perdas.³ Ambas caminham juntas e ocorrem em muitos momentos da vida. Pensemos em quando estávamos dentro da barriga de nossas mães: tínhamos abundância e não precisávamos reclamar, pois recebíamos nutrientes, água e oxigênio. Quando nascemos, adquirimos o colo, mas perdemos a plenitude desses elementos e, a partir daí, precisamos chorar para conseguir o que desejamos. Quem já viu um bebê com fome ou sede caladinho?

> *Mesmo que as pessoas a quem eu mais amava talvez não me compreendessem, Deus sabia o que eu estava passando, pois não há dor que Ele não conheça.*

Assim, iniciamos a ingestão de alimentos, ao passo que, nesse processo, perdemos gradualmente o seio materno. Em algum estágio da vida, começamos a andar. Uau, que aquisição! Descobrimos a liberdade de movimentos, possibilidades de locomoção e autonomia, mas também perdemos o colo da nossa mãe na maior parte do tempo. E, para nós, a chegada de um bebê não é diferente. Essa grande conquista vem de mãos dadas com as demandas para criá-lo.

O que percebo é que não lidamos diretamente com a realidade de que as privações acompanham o nascimento de um filho, e nos sentimos enganadas. No lugar

---

³ SARAIVA, Evelyn. **O sofrimento psíquico no puerpério:** um estudo psicossociológico. Publicado por *Revista Mal Estar e Subjetividade*, volume 8, número 2. Fortaleza, 2008. Disponível em http://pepsic.bvsalud.org/scielo.php?script=sci_arttext&pid=S1518-61482008000200011. Acesso em agosto de 2021.

— Capítulo 4 —

da alegria plena vem a perda da identidade, do sono, da agenda e da rotina, levando-nos à elaboração do luto, ou seja, o processo emocional causado por perdas.

Existem também outros lutos provenientes de idealizações prévias. Há mulheres que imaginam um bebê impecável que não chora, que dorme quando é acalentado e que mama perfeitamente. Outras idealizam a maternidade feliz, sem dificuldades no processo. Algumas também criam cenários mentais do parto perfeito que deveria ocorrer exatamente como o planejado. Quando, então, se deparam com a criança real, sentimentos ambíguos, imprevisibilidade e falta de controle, precisam lidar com essa "perda".

Quando uma mulher vive todas essas quebras de expectativas sem equilíbrio emocional suficiente para superação, ela se coloca em uma posição de tristeza, raiva e culpa. Esse é um lugar difícil. Nele, vemos muitas puérperas desenvolvendo a depressão pós-parto e necessitando de acompanhamento psicológico específico.

A depressão pós-parto é uma condição em que a mulher tem o sentimento de profunda tristeza, desespero e falta de esperança. Nesses casos, ela não demonstra interesse pelo bebê, não cuida de si mesma e não dá conta de realizar tarefas básicas.[4] Trata-se de uma angústia que a envolve com intensidade, e de uma situação que abala toda a estrutura familiar.

---

[4] **Depressão pós-parto.** Publicado por *Secretaria de Estado de Saúde do Governo do Estado de Goiás* em 21/11/2019. Disponível em *https://www.saude.go.gov.br/biblioteca/7594-depress%C3%A3o-p%C3%B3s-parto*. Acesso em agosto de 2021.

— Capítulo 4 —

Felizmente, não passei por essa experiência e não estive nessa condição, porém, lembro-me que, certo dia, logo após o nascimento do meu filho Pedro, li sobre a depressão pós-parto e pensei: "E se isso acontecer comigo?". Logo, corri para Deus e levei meus questionamentos e receios, a fim de obter resposta e alívio. Naquele momento, tive um encontro marcante com a Sua presença, e Ele me levou a ler Isaías 41.10: "Não tema, porque eu estou com você; não fique com medo, porque eu sou o seu Deus. Eu lhe dou forças; sim, eu o ajudo; sim, eu o seguro com a mão direita da minha justiça".

Esse verso foi um bálsamo para a minha alma. Por meio daquele encontro, pude compreender que não havia garantias de como tudo seria e de que maneira eu me comportaria, nem mesmo tinha certeza de que isso não aconteceria comigo, contudo, eu sabia que teria Sua força e ajuda. Aprendi que eu não precisava ter medo, nem ocupar minha mente com o receio de algo que poderia nem acontecer. E, mais uma vez, isso foi suficiente. Sua presença e Sua Palavra foram suficientes para alinhar minha alma e espírito com a Sua verdade. Eu havia me encontrado com Deus Pai, Aquele que me sustentaria em cada passo.

O puerpério é um período em que se pode ter muitos aprendizados, por mais desafiador que seja. Nele, há intenso crescimento, uma vez que enfrentamos situações que nos tiram da zona de conforto. Contudo, para algumas mulheres, ele não traz tantas demandas emocionais. Pode ser que você já tenha vivido essa etapa sem tantos enfrentamentos. Isso também é incrível, pois demonstra a beleza de nossa subjetividade. Cada uma de nós tem uma história e uma trajetória percorrida, e vivenciamos situações diferentes. Por isso, nossa resposta a elas é tão particular e individual.

— Capítulo 4 —

Nossa passagem pelo puerpério não é melhor nem pior que a de outra mãe, mas é única. Ouso dizer que não podemos presumir que tenha sido nem mais fácil, nem mais difícil, mas podemos afirmar que foi diferente e singular.

Portanto, saber sobre algumas dificuldades dessa fase não deve nos levar a um lugar de medo ou insegurança, mas a um lugar de esperança no Deus que nos acompanha em toda a nossa jornada. Ele lhe fez mãe antes de você descobrir a gravidez, e deseja sua total felicidade, vivendo em liberdade e plenitude.

Entretanto, por mais complicada que possa ser, a certeza é de que essa fase tem um fim. Ela é um período de transição, com data de início e de término. Na teoria, o final seria quando o corpo da mulher volta ao estado anterior à gravidez, mas gosto de pensar que o puerpério acaba no instante em que ela passa a estar cada vez mais leve em sua maternidade; a rotina vai se encaixando melhor, ela se sente mais segura de si e mais confiante da mãe que se tornou. O fim parece chegar quando, emocionalmente, a mulher se aproxima da sua identidade feminina, conseguindo realizar tarefas sem a presença do bebê, mas sem se sentir em falta, retomando as atividades anteriores ao neném. Isso acontece em um tempo específico para cada uma de nós. Do fundo do meu coração, desejo que todas possamos viver a maternidade sentindo-nos amparadas, sustentadas e supridas, a fim de termos uma geração de filhos amados e seguros acerca de quem são.

Deus nos criou mulheres, Ele conhece exatamente a nossa estrutura. O salmista declara em Salmos 62.5-8:

— Capítulo 4 —

Somente em Deus, ó minha alma, espere silenciosa, porque dele vem a minha esperança. Só ele é a minha rocha, a minha salvação e o meu alto refúgio; não serei jamais abalado. De Deus dependem a minha salvação e a minha glória; ele é a minha forte rocha e o meu refúgio. Confie nele em todo tempo, ó povo; derrame diante dele o seu coração. Deus é o nosso refúgio.

Diante desta palavra, podemos ter esperança, salvação e refúgio. Podemos encontrar, mesmo em lugares desconhecidos e escuros, a Presença que nos sustenta. Existe um convite de Deus para nós, mulheres e mães: para nos achegarmos a Ele, ao trono da graça, a fim de recebermos misericórdia e encontrarmos ajuda em momento oportuno (cf. Hebreus 4.16). Você pode estar lendo este livro com muitos objetivos: talvez tenha a intenção de se informar, talvez tenha o sonho de ser mãe, talvez esteja tentando engravidar, ou já esteja grávida, ou, ainda, esteja vivenciando um puerpério neste momento. Seja qual for a sua motivação, posso lhe afirmar que agora é um tempo oportuno. Oro para que o Espírito Santo lhe encontre onde você estiver para conduzi-la graciosamente a Ele.

> *Deus convida a nós, mulheres e mães, a nos achegarmos a Ele, ao trono da graça, a fim de recebermos misericórdia e encontrarmos ajuda em momento oportuno.*

Querida irmã, deixo aqui minha profunda admiração por você que está convidando a Deus para viver a maternidade com você. Sinta-se docemente abraçada neste momento, e fique bem. De coração para coração, deixo aqui o meu amor, em forma de palavras, e uma oração:

Oração:

Deus, obrigada porque o Senhor me sonda, me conhece, sabe exatamente como sou, e a minha estrutura. Sou Sua filha e desfruto da Sua presença. Não conheço exatamente os Seus planos para mim, mas sei que eles são de paz. Por isso, posso entregar ao Senhor o meu futuro, meus projetos, caminhos e desejos mais profundos, porque tenho segurança da Sua bondade sobre mim. Também O entrego agora a mãe que sou ou que ainda serei, Lhe dou todo o controle, e peço Sua direção em cada momento. Por favor, me conduza durante o meu puerpério. Que ele seja um período de encontros com a Sua presença, para que eu possa compreender o Seu propósito sobre os processos que enfrentarei. Peço que estejas comigo em cada passo desta jornada que é a maternidade, dando-me graça e sabedoria para ser a mãe que o Senhor me criou para ser. Declaro que escolherei silenciar a minha alma e esperar, pois és a minha esperança, a minha salvação e meu alto refúgio. Confio em Seu amor e em Suas palavras sobre mim. Oro em nome de Jesus, amém!

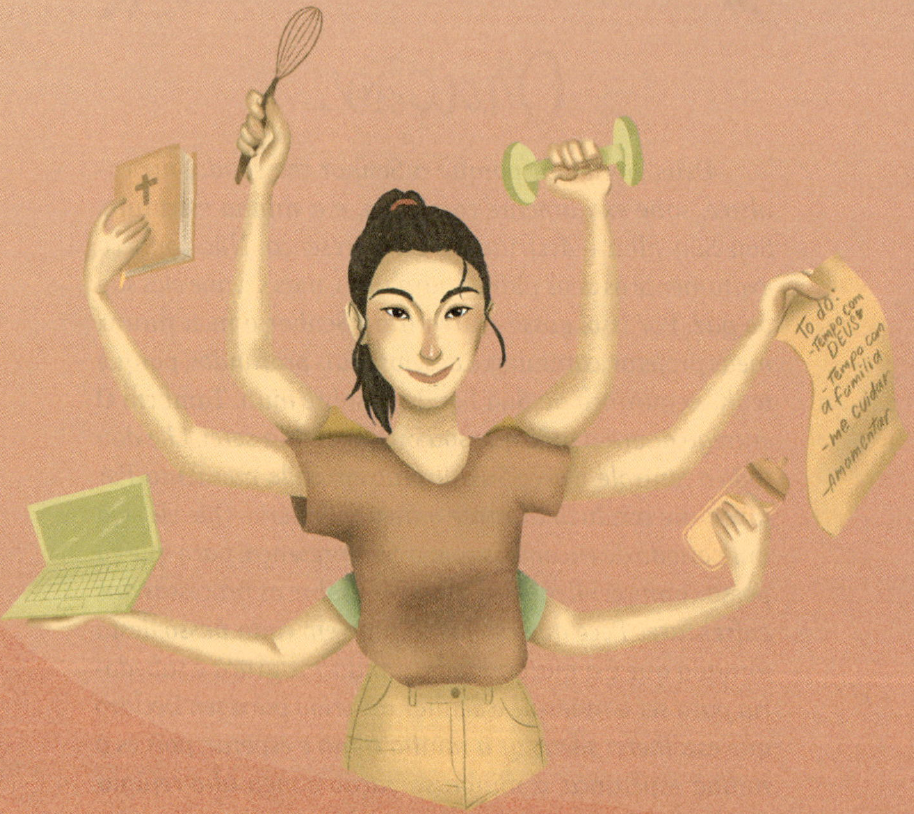
To do:
-Tempo com DEUS♥
-Tempo com a familia
-me cuidar
-Amamentar

Capítulo 5

Ressignificando o tempo

Por Ana Paula Valadão

> LEIA: ECLESIASTES 3

"Ana, você pode fazer tudo. Só não pode fazer tudo ao mesmo tempo". Jamais me esqueci desse conselho que recebi de Devi Titus, uma pastora e amiga querida que me acompanhou durante minha gravidez. Sempre aproveitei ao máximo os momentos que o Senhor me proporcionou com ela. As conversas informais em sua casa, a possibilidade de observar sua forma de se portar e de fazer as coisas, e a oportunidade de ser sua intérprete quando ela era palestrante em nossos congressos, trouxeram uma inspiração para minha vida e me deram novos referenciais para perseguir. "Quando eu crescer, quero ser como ela" ou "O que a Devi faria nesse momento?" são pensamentos que até hoje me acompanham em meu dia a dia.

Seu sobrenome, Titus, parece ter sido uma profecia de que ela se tornaria a mulher descrita em Tito 2: a senhora que ensina as jovens a amarem seus maridos e seus filhos, a serem boas donas de casa e a terem zelo para que a Palavra de Deus não fosse menosprezada. No dia em que ouvi seu alerta sobre não fazer tudo ao mesmo tempo, ele ressoou dentro de mim e me consolou. Afinal, as renúncias que a maternidade havia trazido eram algo que eu tentava administrar bem em minhas emoções, convencendo a mim mesma de que estava escolhendo certo. Entretanto, ouvir isso de alguém mais experiente e tão bem-sucedida na construção da família e da carreira era realmente reconfortante.

Devi me ensinou que a mulher pode ser tudo o que quiser, seja piloto de avião, política, empresária, professora ou, até mesmo, astronauta. Contudo, ainda que conquistemos o espaço, a lua e outros planetas, o coração precisa estar enraizado em nossa casa. O resgate do valor e da dignidade do lar determinará nossas prioridades e, em algumas estações da vida, o trem-bala terá de parar. Nós iremos desembarcar, desacelerar e caminhar no passo das grávidas e das crianças. O ritmo da nossa vida se parecerá com um trem bem mais lento, em uma viagem que deve durar pelo menos dezoito anos, até entregarmos filhos adultos e preparados para o cumprimento do propósito de Deus neste mundo.

> *O resgate do valor e da dignidade do lar determinará nossas prioridades e, em algumas estações da vida, o trem-bala terá de parar.*

— Capítulo 5 —

Nessas horas de renúncias tão significativas, precisamos nos apegar à esperança de que, no tempo certo, as outras atividades serão realizadas, porém sem prejudicar nossa vocação principal: o lar. Há milhares de anos, Salomão já ensinava que "tudo tem o seu tempo determinado, e há tempo para todo propósito debaixo do céu" (Eclesiastes 3.1).

"Em Teu Tempo"

Era meu aniversário de dez anos de idade. Ainda me lembro do bolo surpresa e das orações que fizeram na antessala para abençoar minha vida. Pela primeira vez, eu entrava em um estúdio de gravação, e tiveram de abaixar o pedestal do microfone para a pequena Ana. O fone de ouvido era tão grande que quase não parava na minha cabeça. Naquele dia, eu estava participando do segundo álbum do "Louvores da Garotada", uma equipe que trabalhava com crianças dançando e cantando nas igrejas e em outros eventos evangelísticos. Eu tinha sido escolhida para fazer o solo da música "Em Teu tempo", e mal podia imaginar que seria uma profecia e uma oração que me acompanharia pelo resto da vida:

Em Teu tempo / Em Teu tempo / Tudo lindo Tu fazes em Teu tempo[1]

Algumas vezes, quando o tempo de realização parece adiado, quando sinto que algo demora, ou quando, em minha perspectiva limitada e humana, chego a pensar que nunca vai acontecer,

---

[1] RETTINO, Ernie. KERNER, Debby. Em Teu tempo. Versão: Alberto de Mattos. Intérprete: Ana Paula Valadão. *In:* Louvores da Garotada 2. São Paulo: BomPastor, 1987. 1 álbum, faixa 9 (37 min.).

— Capítulo 5 —

lembro-me dessa canção. Ah, quão maravilhoso seria se eu tivesse me apegado mais firmemente a ela na adolescência, quando vivia ansiosa na expectativa de encontrar meu esposo. Como seria bom se eu a cantarolasse e me acalmasse quando a infertilidade ameaçava o meu sonho de ser mãe. Talvez, nas renúncias da maternidade, essa lembrança sobre haver um tempo certo para cada coisa, escrita em Eclesiastes 3, poderia ter me ajudado a esperar tranquila na fidelidade do Senhor. Ainda assim, outras palavras se tornaram âncora para a minha alma e reforçaram a certeza de que tudo ocorreria no tempo certo. Dessa vez, não tinha sido a letra de uma canção, mas um sussurro do próprio Senhor falando dentro do meu coração.

Era um dia como qualquer outro. Estava em casa, cuidando dos meninos: Isaque tinha três anos de idade e Benjamim era um bebê. De repente, senti uma tristeza bater em meu íntimo e desejei estar em outro lugar, fazendo alguma outra coisa, que não fosse cuidar de meus filhos. O coração dividido é a maior tentação para as mães que escolhem não terceirizar os cuidados das crianças. Podemos até ter ajudantes, e sou grata pelas babás que contratei, mas a diferença na saúde emocional e na criação dos meninos foi radical quando assumi a maior parte do tempo com eles. Então, naquele momento, eu ouvi: "Não há nada mais importante que você possa fazer para Mim hoje do que trocar as fraldas do seu filho". Em pé, diante daquele móvel alto, com as mãos ágeis que seguravam o bebê ao mesmo tempo em que pegavam tudo que era preciso para deixá-lo limpo e cheiroso, desabei a chorar.

Aquela era a voz do Espírito Santo, a mesma que, um dia, havia me dito para colocar o meu primogênito nos braços, continuar viajando e cumprindo meu ministério. Agora, Ele estava

— Capítulo 5 —

me conduzindo a renunciar muitas coisas e permanecer ali. Naquele trocador de fraldas, o mais importante deixou de ser o que eu gostaria de fazer, e se tornou simplesmente aquele momento que, de fato, estava acontecendo. O Único que conseguia sondar o mais profundo do meu coração também me via, mesmo que eu jamais tivesse tido a coragem de dizer o quanto estava infeliz, ou comentar sobre o vazio que sentia. Ele tinha Sua Palavra a me oferecer, e ela me preencheria, criaria ordem em meu caos e mudaria tudo, fazendo da bagunça um mundo novo e belo, e ressignificando aquele tempo de dedicação aos meus pequeninos, para que se tornasse um dos mais importantes da minha história.

Desde então, quando sou testada por não estar onde gostaria ou por fazer o que não me agrada (e isso acontece geralmente nas tarefas do lar), sinto o Senhor me relembrando do real significado dessas atividades. Ele me assegura de que o que importa em cada estação da vida não é a velocidade dos acontecimentos ou o tamanho das realizações, mas o propósito de tudo. Será que aquilo em que estou investindo meu tempo e esforço é algo valioso aos olhos de Deus? Cada instante precisa ter valor eterno, e os gestos têm de ser feitos com amor para não soarem como uma lata vazia e estridente (cf. 1 Coríntios 13.1). Nenhuma de nós quer que a vida passe como se fosse uma construção feita de palha, a qual o fogo do Senhor consumirá no Último Dia (cf. 1 Coríntios 3.12-15). Desejamos construir a nossa casa sobre a rocha e não sobre a areia, para que, no final, recebamos o elogio tão esperado: "Muito bem, serva boa e fiel, venha participar da alegria do seu Senhor" (cf. Mateus 25.23).

A partir daquele momento singelo, as perguntas certas que aprendi a fazer foram: "Senhor, o que O agrada hoje?", ou ainda "O que é mais importante aos Seus olhos, para que eu, então, faça neste dia?". E, de tempos em tempos, essa mesma oração redireciona meu foco para o planejamento do meu calendário e daquilo que realizarei fora de casa pelos próximos meses ou no ano seguinte.

Assim, a menina de dez anos de idade que cantou Eclesiastes 3 tornou-se a mulher que, aos quarenta e tantos anos, continua aprendendo. Hoje, faço minhas próprias orações cantadas para acalmar um coração que sente saudades do ritmo acelerado dos grandes eventos e viagens de trem-bala. Em meio aos desafios, retorno minha mente a uma canção que diz:

Meu coração, aprenda a esperar / Meu coração, aprenda a descansar / Meu coração, aprenda a confiar em Deus / Ele é o único que pode te ajudar / Ele é o Deus de toda esperança / Ele é o Deus de toda consolação / E jamais aqueles que n'Ele esperam / Serão confundidos / Não há impossíveis em Suas palavras / Nenhum dos Seus planos pode ser frustrado / Ele é fiel[2]

A depressão é a raiva contida

Muito tempo depois daquele episódio em que cantei sobre o tempo de Deus, ouvi a seguinte frase: "A depressão é a raiva contida". Essas palavras quase me derrubaram da cadeira em uma sessão de terapia. Será que eu guardava esse sentimento? Entendi que nós, mulheres crentes, não sabemos lidar com a ira. Simplesmente aprendemos a ignorar o conselho que o apóstolo Paulo deu aos irmãos da igreja de Éfeso: "Fiquem irados e não pequem. Não deixem que o sol se ponha sobre a ira de vocês, nem deem lugar

---

[2] VALADÃO, Ana Paula. Meu coração. Intérprete: Ana Paula Valadão. *In:* Sol da Justiça. Rio de Janeiro: Som Livre, 2011. 1 DVD, faixa 8 (115 min.).

— Capítulo 5 —

ao diabo" (Efésios 4.26-27). Deus, em Sua Palavra, nos fala que, em alguns momentos, teremos esse sentimento, e não há problema algum nisso, afinal, é possível irar-se e não pecar.

Em Salmos 4.4, diz: "Tremam de medo e não pequem; consultem no travesseiro o coração e sosseguem". Quando nós nos irarmos, devemos refletir até nos aquietarmos. É preciso processar o que está acontecendo conosco e seguir o exemplo do salmista, que soube parar, refletir, compreender o sentimento de ira e encontrar o significado real por trás daquela situação frustrante. Que ensinamento maravilhoso para nós é esse que, em meio às muitas demandas da maternidade, sentimos raiva por não conseguirmos fazer o que queríamos no mundo afora, ou do jeito que gostaríamos. Então, a partir de hoje, em vez de ignorar e suprimir a raiva, eu lhe convido a fazer uma pausa, pensar sobre as situações e encontrar o significado precioso desse tempo de renúncias pessoais, o qual, apesar de tudo, é tão gratificante.

> *O coração dividido é a maior tentação para as mães que escolhem não terceirizar os cuidados de seus filhos.*

O mesmo Paulo que nos ensinou a interromper ações impulsivas nos momentos "mais quentes", também nos diz que devemos entregar nossa ira ao Senhor: "Meus amados, não façam justiça com as próprias mãos, mas deem lugar à ira de Deus, pois está escrito: 'A mim pertence a vingança; eu é que retribuirei, diz o Senhor'" (Romanos 12.19). Nesse caminho misterioso de sentir raiva mas não pecar, o qual é permitido por Deus, descobri que posso deixar meus sentimentos nas mãos d'Ele para que seja o meu Vingador diante de todas as renúncias. Se, por um lado, podemos nos sentir frustradas e chateadas, por outro, precisamos nos entregar nas mãos do Pai, que é nosso Defensor e, no Seu tempo, trará a retribuição.

Se a cura para essa depressão de raiva guardada (contra mim mesma, contra o marido, contra os filhos, contra os outros, e contra o mundo que deixei) só pode ser curada pela ressignificação, e não pela negação do que a alma sente, então, encaremos essa situação de frente, em um diálogo franco e aberto. Converse com o Senhor sabendo que Ele não tem medo de lhe ouvir, e entenda que é necessário ter a coragem de colocar para fora o que existe em seu íntimo, para que você possa escutar o que está em seu coração e, a partir daí, iniciar um processo de cura e restauração.

Compartilhe também as angústias das esperas e dos planos adiados com outras mulheres, para, assim, fortalecerem umas às outras. Procure uma terapeuta cristã que possa ajudá-la quando sentir que está difícil encontrar as palavras. Essa profissional pode fazer as perguntas certas que lhe instigarão a responder e ressignificar as experiências pelas quais está passando. Para algumas de nós, as páginas de um caderno também são uma opção, pois elas podem ser o lugar para encontrar acolhimento sem julgamentos. Enquanto o diário escuta, registra e apaga as palavras do coração, o milagre acontece na ponta do lápis ou da caneta, deixando-a mais leve.

Tempo de desacelerar

Outro dia conversava com a doutora Esly Carvalho, em uma sessão de terapia, e ela me fez uma pergunta inusitada: "Ana, se pudesse escolher um animal, qual você seria? Não pense muito, apenas diga". Para minha própria surpresa, respondi: "Acho que sou uma chita". Parei por um momento, e então completei: "Mas talvez seja uma tartaruga também".

Que interessante! Mal podia acreditar no que havia acabado de sair da minha boca. Rimos e começamos a conversar sobre esses bichos. Enquanto eu mesma descrevia a chita, uma espécie de guepardo, ia percebendo a mim mesma nas características dela: "A chita é bonita, coberta de manchas, como uma estampa. Tem uma aparência fina e delicada, mas, ao mesmo tempo, é forte. Ela fica em lugares altos, subindo em árvores, onde todos podem vê-la. Também é um animal rápido, um dos mais velozes do mundo!". Sim, eu me parecia com uma chita, especialmente quando pensava nas minhas produções musicais e turnês, nos nossos eventos e congressos, nas viagens para palestrar às mulheres, na preparação de figurinos, cabelo e maquiagem, nas sessões de fotos, nas premiações e na vida pública nas mídias. Mesmo outras iniciativas ministeriais menos *glamourosas*, como as viagens missionárias que realizamos, conduziam-me em alta velocidade ao redor do mundo. Entretanto, e a "Dona Tartaruga"?

Ao descrever o animal mais lento, logo percebi que aquele era meu ponto de equilíbrio, mesmo que soasse conflitante. "A tartaruga é um pouco feia e não é colorida, nem vistosa. Ela é lenta, devagar, quase parando. Não é nada imponente, mas é segura, tranquila e tem uma casa", expliquei. Pimba! Aí estava a chave para compreender por que a "Ana Chita" também era uma tartaruga: a parte "guepardo" que havia em mim queria uma casa. É óbvio que, no mundo animal, não vemos chitas se transformarem

Ele [o Senhor] me assegura de que o que importa em cada estação da vida não é a velocidade dos acontecimentos ou o tamanho das realizações, mas o propósito de tudo.

em tartarugas, mas o contraste entre elas revelava exatamente como eu me sentia.

O contraponto se revelou na desaceleração que precisou acontecer em minha própria vida. As renúncias para construir uma família, por exemplo, começaram no matrimônio. Era um desafio ter tempo de qualidade com meu marido, especialmente porque nossa vocação incluía viagens. Obviamente, Gustavo era um "homem feito" e não precisava de mim a todo o tempo. As mudanças de ritmo começaram de fato quando a maternidade se tornou um projeto.

Certa vez, em uma consulta médica para descobrir o porquê de não engravidarmos, o doutor perguntou: "Vocês viajam tanto, e cada um para um lado. Sabem como os bebês são feitos? Se não estiverem juntos nos dias certos, esse bebezinho nunca vai acontecer". Antes mesmo do filho existir na minha barriga, comecei a desacelerar. Escolhi fazer as mudanças na agenda para tentar conceber. Também cancelei viagens quando descobri que estava grávida e que não poderia ir a alguns lugares muito distantes e com condições precárias. Alguns sonhos missionários foram adiados. Passei a responder mais "não" do que "sim" a convites e oportunidades que pareciam tão importantes para a construção da minha carreira. Entretanto, construir era exatamente a questão. Eu também queria levantar um lar e não apenas trilhar uma estrada em alta velocidade fora de casa.

A chita tem uma casa

A decisão de desacelerar a vida na estrada para estar mais presente com o marido e os filhos não significa que, em casa, o

— Capítulo 5 —

ritmo seja devagar. Pelo contrário! Os dias passam rápido. Manter a casa em ordem e todos bem cuidados é um grande desafio. Às vezes, parece que vivemos em um malabarismo constante para dar conta de tantas responsabilidades, dentro e fora do lar. Por isso, os aviões sempre foram um lugar quieto e tranquilo para mim. Algumas vezes, por estar muito cansada, durmo a viagem toda. Em outras, aproveito a oportunidade e, apesar das centenas de passageiros ao meu redor, sinto como se estivesse a sós com o Senhor, desfrutando de bastante tempo sem interrupções para orar, ler a Bíblia, ler um bom livro e escrever novas canções.

Foi assim que nasceu a canção "Respirar", em dezembro de 2019. Um trecho da música diz: "Ah, se o tempo pudesse parar nos momentos singelos com quem eu mais deveria notar. Querer estar junto de mais ninguém [...] Respirar. Ah, meu Deus, me perdoa porque quantas vezes só fiz ver a hora passar. Quero valer a pena respirar".[3] Para mim, esse era um clamor pela vontade de viver e de estar presente no agora. Mesmo no avião, a cena que me inspirava era exatamente a de meus filhos pequenos. Quantas vezes desperdicei momentos preciosos em que eu estava com eles, mas não inteiramente. Benjamim de fraldas, o trocador e a casa em que morávamos na época foram o cenário da minha imaginação ao compor essa música. O que eu não sabia é que, em poucos meses, o mundo inteiro vivenciaria a maior crise respiratória de nossos tempos, e essa canção seria mais significativa e literal do que eu poderia prever.

---

[3] VALADÃO, Ana Paula. Respirar. Intérprete: Ana Paula Valadão. Nova Lima: Onimusic, 2021. *Single* (4 min.).

— Capítulo 5 —

Os anos 2020 e 2021 marcaram a vida de todo o mundo. O planeta inteiro parou, e pais, mães e filhos ficaram isolados por causa da pandemia do coronavírus. Meu ritmo já era mais lento, se comparado ao de outras "chitas", porém, pela primeira vez, eu realmente parei. Ou melhor, todas nós fomos forçadas a isso. Sei que a dor pelas perdas, lutos e pela morte de pessoas queridas é de um valor incalculável e irreparável, e não nos esqueceremos das imagens assustadoras das valas públicas abertas em Nova Iorque, e em outras partes do mundo, para receber os corpos de tantas pessoas que foram vítimas desse vírus maldito.[4] Contudo, em meio a esse caos mundial, algo bom estava começando a acontecer, e é com muito respeito aos que sofrem que escrevo isso: ficamos juntos em casa.

Em uma das muitas *lives* que aconteceram nas redes sociais pela *internet* durante a pandemia, eu e a doutora Karine Rizzardi, psicóloga e terapeuta de famílias, falávamos sobre um movimento interessante. Seus pacientes já refletiam uma realidade que seria comprovada pelas estatísticas alguns meses adiante. Os casais e famílias que tinham harmonia estavam vivendo seus melhores dias dentro de casa. Apesar dos desafios financeiros ou de espaço, como o de distrair e conter os filhos em pequenos apartamentos nas grandes cidades, era como se a pandemia tivesse aproximado ainda mais aqueles que já estavam juntos. Entretanto, homens e mulheres que apenas dormiam sob o mesmo teto e não tinham

---

[4] **Coronavírus leva Nova York a abrir valas comuns para enterrar mortos.** Publicado por *Folha de S.Paulo* em abril de 2020. Disponível em https://www1.folha.uol.com.br/mundo/2020/04/coronavirus-leva-nova-york-a-abrir-valas-comuns-para-enterrar-mortos.shtml. Acesso em outubro de 2021.

— Capítulo 5 —

um relacionamento ajustado estavam sendo forçados a conviver. Em vez de se unirem, muitos casais não suportaram a pressão do #FiqueEmCasa e se divorciaram. Além disso, as doenças emocionais explodiram em proporções nunca notadas antes, tanto em adultos, como em jovens e crianças. Enquanto isso, eu (e creio que muitas outras mulheres em casa) experimentei uma cura surpreendente para minhas emoções. Karine conta que vários de seus pacientes infantis também tiveram alta. Mas, então, o que mudou? Papai e mamãe estavam em casa.

Era a primeira vez, em vinte e poucos anos, que eu não viajava. Não estou advogando que as viagens sejam ruins, ou que as esposas e mães não devam mais sair de casa. Como já confessei, os aviões e alguns dias fora da rotina são um refrescante "escape" para mim. Contudo, o meu testemunho é de que o meu casamento, que já era bom, ficou melhor. Meu relacionamento com nossos filhos, uma criança e um adolescente, tornou-se ainda mais próximo e divertido. Brincamos muito, oramos e adoramos em família, comemos juntos à mesa e conversamos por horas e horas, frente a frente, olhos nos olhos, mais vezes e por mais tempo, como nunca antes. Na minha experiência, a pandemia trouxe muitas bênçãos e me fez tomar a decisão definitiva de investir na construção da minha casa, de forma ainda mais intencional, sacrificial e constante.

Tenho certeza de que você entendeu que não estou falando de uma casa feita de tijolos ou de piso de mármore. Afinal, não estou preocupada com os móveis ou com as obras de arte nas paredes. A casa sobre a qual me refiro é o lar que estou edificando, mais valioso do que algumas mansões que já visitei ou que vemos em revistas. Acredito que muitos casamentos e famílias que se desfizeram nessa pandemia podiam até morar em ambientes

Se, por um lado, podemos nos sentir frustradas e chateadas, por outro, precisamos nos entregar nas mãos do Pai, que é nosso Defensor e, no Seu tempo, trará a retribuição.

— Capítulo 5 —

luxuosos, mas eram pobres de amor. Podiam ser aparentemente abastados, mas eram carentes de afeto, de percepção do outro, de aconchego, acolhimento, risadas, alegria e prazer. Objetos podem ser comprados com o dinheiro do nosso trabalho, mas a sensação de pertencimento, a criação de vínculos inquebráveis, e a segurança de uma aliança inabalável são valores que não se adquirem com outra moeda senão a presença.

Após alguns meses desfrutando do privilégio de estar em casa, percebi que toda intencionalidade para construir essa despensa emocional e espiritual riquíssima tinha valido a pena. Nosso depósito afetivo estava bem abastecido. Meu casamento, que já era minha prioridade, agora navegava tranquilo, enquanto muitos se afogavam nas águas tumultuosas de um mundo pandêmico. Meus filhos já estavam nutridos de atenção e carinho e, por isso, desfrutávamos de dias marcantes e inesquecíveis, que nos aproximaram ainda mais, e se tornaram um memorial para algumas de nossas melhores lembranças de família.

Aos poucos, parece que a vida foi retornando a um "novo normal", e eventos e convites para viagens voltaram a acontecer. Não sei como está a sua vida profissional, se você aderiu ao *home office*, ou até a uma nova atividade (afinal, a crise nos reinventa e desperta a criatividade de muita gente). Por aqui, o ritmo dos nossos dias está consolidado. A construção que começou há muitos anos, especialmente com a chegada dos filhos, continuará. Agora, a "chita" tem uma casa e se faz presente nesse tempo e lugar, que é onde ela mais deseja estar.

Oração:

    Senhor, o que é mais importante, aos Seus olhos, que eu faça hoje? Oro para que cada mãe resista às tentações e que seu coração não seja mais dividido, mas fortalecido na decisão de estar presente no lar e na vida dos filhos. Que essas mulheres possam experimentar a alegria de uma casa edificada, inabalável e suprida de toda sorte de bênçãos espirituais, emocionais e físicas. Capacita, Deus, aquelas que trabalham fora a fazerem os ajustes necessários em suas vidas, provendo sua casa não apenas com recursos financeiros, mas com o pão da presença. Que esse tempo de tantas renúncias seja ressignificado como o mais precioso e fundamental. Em nome de Jesus, amém.

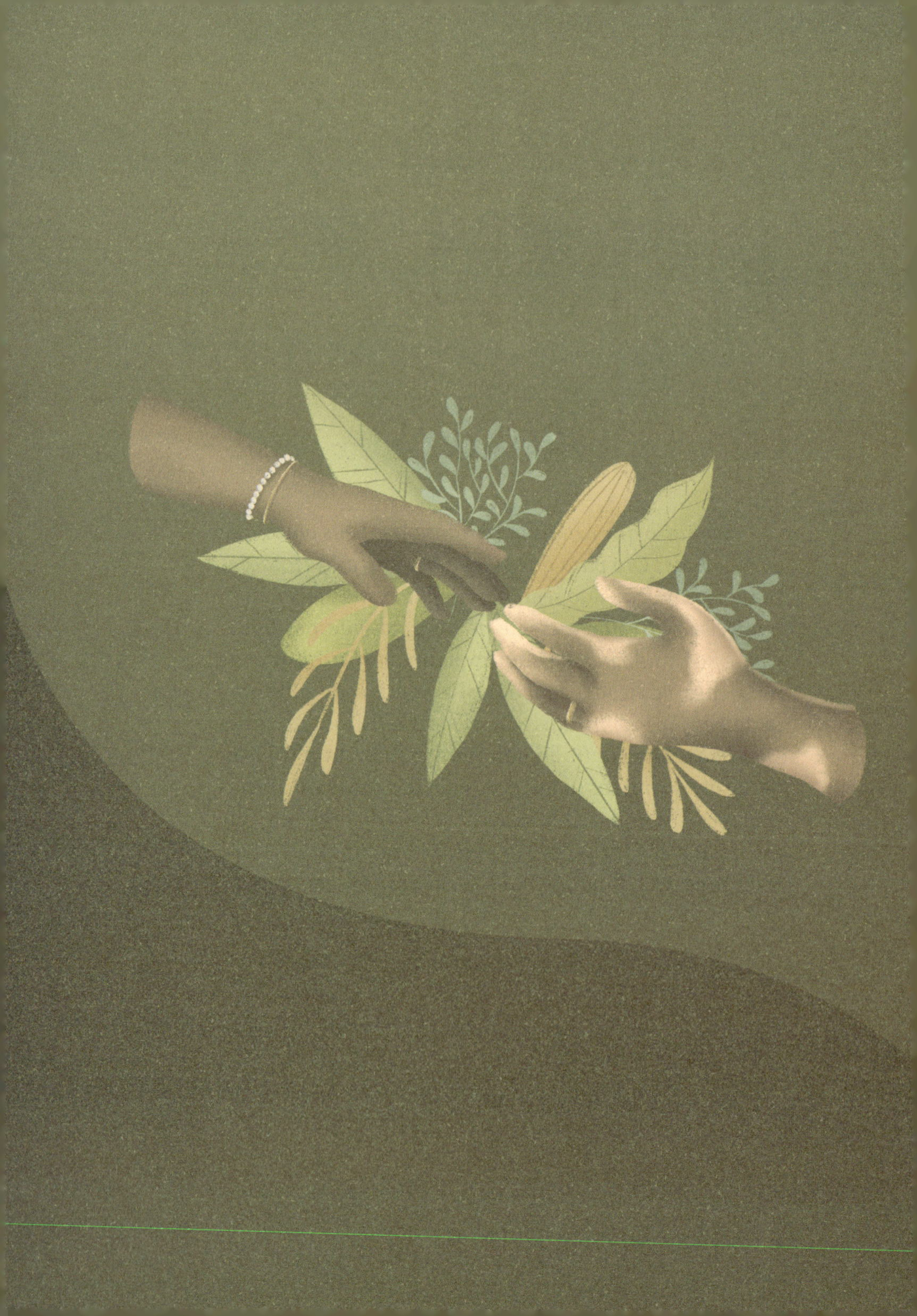

Capítulo 6

A maternidade não é solitária

Por Kelly Oliveira

LEIA: RUTE 1

Talvez não exista um momento da vida que pareça tão solitário quanto a maternidade. Você pode estar cercada de pessoas, ter uma rede de apoio incrível e, ainda assim, se sentir completamente sozinha. Talvez você esteja enfrentando a maternidade sem um companheiro ao lado, sem a sua própria mãe para auxiliá-la ou sem pessoas disponíveis para apoiá-la em meio a tantas inseguranças e medos.

Independentemente do cenário, a maternidade é um grande desafio em muitos aspectos, ela a testará até o limite. Contudo, nesses momentos de angústia e solidão, recebemos a oportunidade de ter nossas maiores e melhores experiências com Deus. É bem ali, no Secreto, nas madrugadas a fio e noites insones com o bebê nos braços, que o Senhor falará com você. Nos tempos mais desoladores, quando sente que não é ouvida, você poderá derramar seu coração diante do Senhor. Ele a pegará no colo, como um bom Pai, e os momentos mais difíceis serão transformados em períodos de íntima conexão e relacionamento com Deus, pois Ele jamais nos abandona (cf. Hebreus 13.5). Você descobrirá quanta força pode ter em um Pai que verdadeiramente a fortalece e nunca a deixa só.

Quando minha filha, Esther, tinha sete meses, fui alertada por uma pessoa que me conhecia das redes sociais sobre alguns gestos que ela fazia com seus braços e pernas. Ela mexia as mãozinhas e pezinhos em movimento rotativo, e isso poderia ser algo que afetaria seu desenvolvimento. Por ser pediatra de formação e por ter muito conhecimento na área, comecei uma busca incessante por respostas. Nessa mesma época, minha filha também começou a apresentar alguns comportamentos diferentes que me preocupavam. Ao associar tudo que estava observando eu mesma comecei a juntar as peças.

Ela sempre foi muito ativa, sorridente e atenta a todos os estímulos ao seu redor, o que a tornava também muito dispersa. Era extremamente difícil fazer com que ela mamasse fora de casa, por exemplo. Como ela era uma bebê que mamava no peito, no início da introdução alimentar, eu evitava sair de casa para garantir sua saúde. A situação chegou ao ponto de, nas poucas vezes em que saía, precisar me trancar no banheiro com as luzes apagadas para alimentá-la, pois somente assim ela conseguia se concentrar. Em casa, só aceitava mamar no quarto dela, no mesmo sofá de

A verdade é que, independentemente do cenário, a maternidade é um grande desafio em muitos aspectos e ela irá levá-la até o limite. Contudo, é quando a angústia se faz presente, que temos a oportunidade de ter as nossas maiores e melhores experiências com Deus.

Capítulo 6

sempre. Parecia que ela não conseguia, de fato, manter o foco em outros cômodos. Isso, talvez, pudesse ser algo normal, mas eu percebi que poderia também ser um problema. Durante a mamada, ela raramente me olhava e, quando o fazia, durava poucos segundos. Parecia que ela evitava meu olhar, e isso começou a me destruir por dentro.

Lembro-me de um ano que, enquanto estava de férias na casa da minha mãe, passei o Natal e o Ano Novo chorando de madrugada, me perguntando se havia algo de errado com minha filha. Foram semanas de muitas lágrimas todos os dias, me questionando: "Será autismo? Ela terá uma vida normal? Conseguirei cuidar dela e dar todo o estímulo que precisa?". Com esses pensamentos, vinham também a culpa, o medo, a insegurança e a solidão.

Mesmo sendo especialista da área, parecia impossível não me preocupar com o que estava passando com a minha bebê. Como era final do ano e estávamos viajando, eu não conseguiria levá-la a nenhum médico especializado tão cedo, o que me fez sentir, em alguns momentos, muito só. Ao voltar para casa, eu estava arrasada por dentro, acumulando o receio do diagnóstico e mais perguntas do que respostas em minha mente.

Contudo, em meio ao que parecia uma longa tempestade, algo aconteceu. Era um culto de domingo, e me sentia muito angustiada com toda aquela situação de incerteza. Eu parecia levar um fardo enorme e, de fato, carregava, pois meu coração pesava. Naquele momento, derramei todo meu coração diante de Deus e chorei como uma criança em Seus braços, até parecer não haver mais lágrimas. À medida que eu me desfazia em Sua presença,

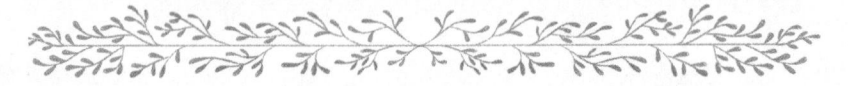

— Capítulo 6 —

sentia consolo e uma paz sobrenatural, de modo que todo aquele peso e embaraço saiu dos meus ombros. Isso me fez pensar que, quando Deus fala em Sua palavra para confiarmos n'Ele, Ele deseja que o façamos por completo (cf. Salmos 62.8). Mesmo sendo tão grande e poderoso, também é um Pai amoroso que me sustentou quando mais precisei, como dito em Salmos 56.8.

Depois de colocar meu coração diante de Deus, saí daquele culto restaurada, certa de que Ele havia ouvido a minha oração, e cheia de fé no milagre. Sabia que o Senhor já havia feito Sua obra, e eu só precisaria confiar. Eu ainda não tinha todas as respostas, mas realmente havia conseguido depositar todo o meu fardo aos pés da cruz de Cristo, o Autor e Consumador da minha fé. Não foi fácil, mas aquele era um processo pelo qual precisava passar. Esses momentos de clamor foram cruciais para que eu entendesse o que Ele queria e precisava trabalhar em minha vida. Não significava ter uma fé cega, mas acreditar que o Pai estava cuidando dos mínimos detalhes e que amava minha filha muito mais do que eu mesma.

Há certas coisas que Deus só falará com você no Secreto, em seu tempo de solitude (que é diferente de solidão), porque mostra uma espera paciente, de ouvidos e coração abertos à Sua voz. O Pai deseja nos dar coisas boas ao desenvolvermos um relacionamento íntimo e profundo com Ele, ao mesmo tempo em que fala conosco nesses períodos.

Ao contrário da solidão, que pode lhe encher de desânimo, tristeza e até mesmo falta de fé, Deus quer trazê-la para um tempo de solitude em sua maternidade, porque é nesses momentos que há busca, contemplação e expectativa pelo mover sobrenatural. Ali, o Senhor fala conosco e nos dá a oportunidade de termos novas experiências. É no silêncio voluntário que Sua presença é manifesta.

A maternidade é um constante exercício de dependência e confiança. Mesmo com um bebê em nossos braços, chorando tantas vezes sem sabermos exatamente o motivo, demandando nossa atenção vinte e quatro horas por dia e nos mantendo num estado de constante alerta, temos um Deus que nunca nos deixa sós. Somente Ele é capaz de transformar nossos momentos de maior solidão em preciosos instantes, recebendo a paz de Sua presença.

Foi isso que experimentei na minha história com minha filha, Esther. Na época, mesmo tendo apenas oito meses, ela foi avaliada por uma psicóloga, e decidimos iniciar as terapias para que fosse estimulada precocemente, começando o acompanhamento do seu desenvolvimento ao longo do tempo. Para você entender um pouco melhor, a terapia era baseada em exercícios lúdicos, com brincadeiras direcionadas para a sua idade, com o objetivo de incitar determinadas áreas da mente. Felizmente, Esther atingiu todos os marcos de desenvolvimento para sua faixa etária, e até foi capaz de superá-los. Assim, aos poucos, todas as preocupações que tínhamos foram desaparecendo, uma a uma. Aos dois anos de idade, ela recebeu uma avaliação final da psicóloga, que lhe deu alta. No decorrer da jornada, posso dizer que Deus cuidou de cada detalhe, mas antes foi preciso entregar a Ele minha aflição.

Eu pude desfrutar da presença do Senhor e confiar a Ele a minha filha, lembrando sempre que Ele é um Pai de infinito amor. Contudo, apesar de podermos encontrá-lO nas dificuldades, nossa entrega deve ser diária, porque Deus está genuinamente interessado em trabalhar no nosso processo de amadurecimento espiritual. Nós desejamos ver o resultado, enquanto o Pai quer participar da construção da sua obra-prima, quando Cristo passa a ser formado em nós.

Talvez você seja mãe de um recém-nascido e esteja segurando o seu bebê enquanto lê este livro, e tenha recebido um diagnóstico sombrio. Ou, mesmo com filhos um pouco maiores, você pode estar passando por alguma dificuldade muito grande em sua maternidade, neste exato momento. Quem sabe seja uma questão financeira, uma doença incurável, ou mesmo os perrengues do cotidiano que lhe fazem sentir-se sozinha, entre tantos outros aspectos que atingem diretamente você e sua criança. Quero convidá-la a abrir seu coração diante d'Aquele que nunca nos abandona, mas nos carrega no colo e cura nossas feridas emocionais, restaurando-nos de dentro para fora.

Sobre a rede de apoio

Por mais que a maternidade pareça muitas vezes solitária, nós podemos sempre nos surpreender com o agir de Deus e o Seu toque de graça e bondade através de pessoas.

Minha filha nasceu com uma condição chamada "Anquiloglossia", popularmente conhecida como "língua presa"[1], e isso

---

[1] As informações detalhadas acerca dessa condição encontram-se em: MELO, N. S. F. de O. et al. **Anquiloglossia**: relato de caso. Publicado pela *Revista Sul-brasileira de Odontologia*, volume 8, n°1, em 28/06/2010. Disponível em http://revodonto.bvsalud.org/pdf/rsbo/v8n1/a16v8n1.pdf. Acesso em agosto de 2021.

Capítulo 6

ocasionou um machucado profundo no meu seio, que levou a outras inúmeras dificuldades. Mesmo sendo especialista na área, sofri muito com essa condição. Cada mamada era como uma sessão de tortura para mim. Em meio a isso, tive apoio de mulheres que estiveram ao meu lado. Kristin e Élida, amigas queridas, iam à minha casa apenas para conversarmos um pouco, para que assim eu pudesse me distrair e esquecer a dor.

Lembro com carinho de Kristin participando do meu parto, pegando a Esther no colo e levando pomada para aliviar a minha dor nos primeiros dias. Tenho também em minha memória meu marido abraçando-me nos momentos difíceis. Um deles aconteceu em uma madrugada, em que eu estava no ápice da dor e gritava enquanto Esther mamava. Meu choro de aflição era tão alto que o fez acordar, vir até mim e perguntar porque eu estava gritando, afirmando que assustaria a menina. "Eu não aguento mais!", respondi. Enquanto amamentava minha filha, eu o abracei e desatei em lágrimas. Ficamos ali por algum tempo, nem sei dizer quantos minutos, em silêncio. Ele apenas respeitou minha dor, e ali eu soube que não estava só.

> *A maternidade é um constante exercício de dependência e confiança.*

Isso me faz refletir e recordar de uma história registrada no livro de Rute. Noemi era casada com Elimeleque e teve dois filhos, Malom e Quiliom. A fim de fugir da fome, eles saíram de Israel e foram para Moabe, e seus filhos se casaram com moabitas: Rute e Orfa. O marido de Noemi faleceu e, logo depois, Malom e Quiliom também morreram, deixando Rute viúva e sem filhos numa terra estranha. Imagino a agonia e a solidão daquela mulher. Sua dor era tanta que, quando voltou para a sua terra, Belém, pediu para ser chamada de Mara, que significa "amarga"[2]:

> Então ambas se foram, até que chegaram a Belém. E aconteceu que, ao chegarem ali, toda a cidade se comoveu por causa delas. E as mulheres perguntavam: — Essa não é a Noemi? Porém ela lhes dizia: — Não me chamem de Noemi, mas de Mara, porque o Todo-Poderoso me deu muita amargura. Quando saí daqui, eu era plena, mas o Senhor me fez voltar vazia. Por que, então, querem me chamar de Noemi, se o Senhor deu testemunho contra mim e o Todo-Poderoso me afligiu? (Rute 1.19-21)

Rute, porém, era uma moabita que se afeiçoou à sua sogra de tal maneira que se recusou a ficar em sua terra, e a acompanhou de volta a Belém. No livro, encontramos uma das mais belas declarações de fidelidade ao próximo e ao Senhor:

> Porém Rute respondeu: — Não insista para que eu a deixe nem me obrigue a não segui-la! Porque aonde quer que você for, irei eu; e onde quer que pousar, ali pousarei eu. O seu povo é o meu povo, e o seu Deus é o meu Deus. Onde quer que você morrer, morrerei eu e aí serei sepultada. Que o Senhor me castigue, se outra coisa que não seja a morte me separar de você. (Rute 1.16-17)

Na história de Rute e Noemi, Deus mostra como honra a fidelidade e, mais do que isso, como provê nos nossos momentos de solidão por meio de pessoas que se fazem presentes ao nosso lado nas situações em que mais precisamos. Através da lealdade de Rute à sua sogra e ao Senhor, Ele a honrou com uma nova

---

[2] *MARAH* [04751]. *In*: DICIONÁRIO bíblico Strong. Barueri: Sociedade Bíblica do Brasil, 2002.

Somente Ele é capaz de transformar os nossos momentos de maior solidão em preciosos momentos de solitude, quando buscamos incessantemente pela Sua presença e pela paz que só Ele pode dar.

família e filhos. Deus é capaz de transformar tristeza em bênção e mudar a nossa sorte. Portanto, esteja com o coração aberto para enxergar as pessoas em sua vida que estão dispostas a lhe servir e ser o seu apoio na maternidade. Se, porém, você acredita não ter essas pessoas, Ele certamente as colocará em sua jornada.

Pessoas podem ser verdadeiros instrumentos da graça em nossas vidas. É uma grande bênção ter amigas, familiares e outras mães que sejam nosso suporte quando mais precisamos na maternidade. Entretanto, devemos ser seletivas ao escolhê-las, afinal, algumas podem servir como um canal de destruição. Precisamos buscar intencionalmente aquelas que nos levarão para mais perto de Deus, e que tenham o mesmo propósito e visão do Reino. Muitas vezes, o próprio Senhor nos presenteia com essas pessoas, colocadas por Ele em nossa vida de maneira estratégica.

Além de construir uma rede de apoio, a maternidade também é uma estação de alinhamento. Por isso, é extremamente importante que você estabeleça um canal aberto de diálogo com seu marido, para que não haja espaço para ressentimento e amargura causadas por situações não resolvidas e palavras não ditas. Alinhem seus corações ao Senhor e falem abertamente um com o outro sobre tudo. Estabeleçam conversas intencionais acerca da criação de filhos, e sobre as coisas que parecem mais simples, como trocar as fraldas do bebê. Sejam companheiros e apoiadores um do outro. Dividam o fardo e

> *Além de construir uma rede de apoio, a maternidade é também uma estação de alinhamento.*

Capítulo 6

as alegrias que um filho pode trazer. Isso fará com que você não se sinta só na sua maternidade.

Essa etapa pode ser solitária em alguns aspectos, mas não precisa ser assim. Pelo menos não em todo tempo e nem de forma desoladora. Que você se permita ter momentos de solitude, quando poderá adentrar o Secreto e, no Santo dos Santos, ter encontros incríveis com um Deus que nunca a abandonará.

Oração:

 Paizinho, obrigada por estar comigo nos momentos de maior solidão em minha maternidade. Eu creio que o Senhor é um bom Pai, o meu Pai, que me carrega no colo e que, quando me encontro em angústia e solidão, está ao meu lado. Neste momento, entrego todo peso e embaraço que está em meu coração e todo fardo que, porventura, carrego em meus braços. Lanço tudo isso aos Seus pés. Creio que o Seu jugo é suave e o Seu fardo é leve, e que a maternidade não precisa ser solitária.

 Peço que transformes minha solidão em encontros sobrenaturais com a Sua presença, para que eu consiga me achegar ainda mais ao Senhor. Que eu possa confiar plenamente os meus filhos em Suas mãos, pois sei que o Senhor os ama mais do que eu mesma. Obrigada por Seu amor e cuidado para comigo todos os dias. Em nome de Jesus, amém.

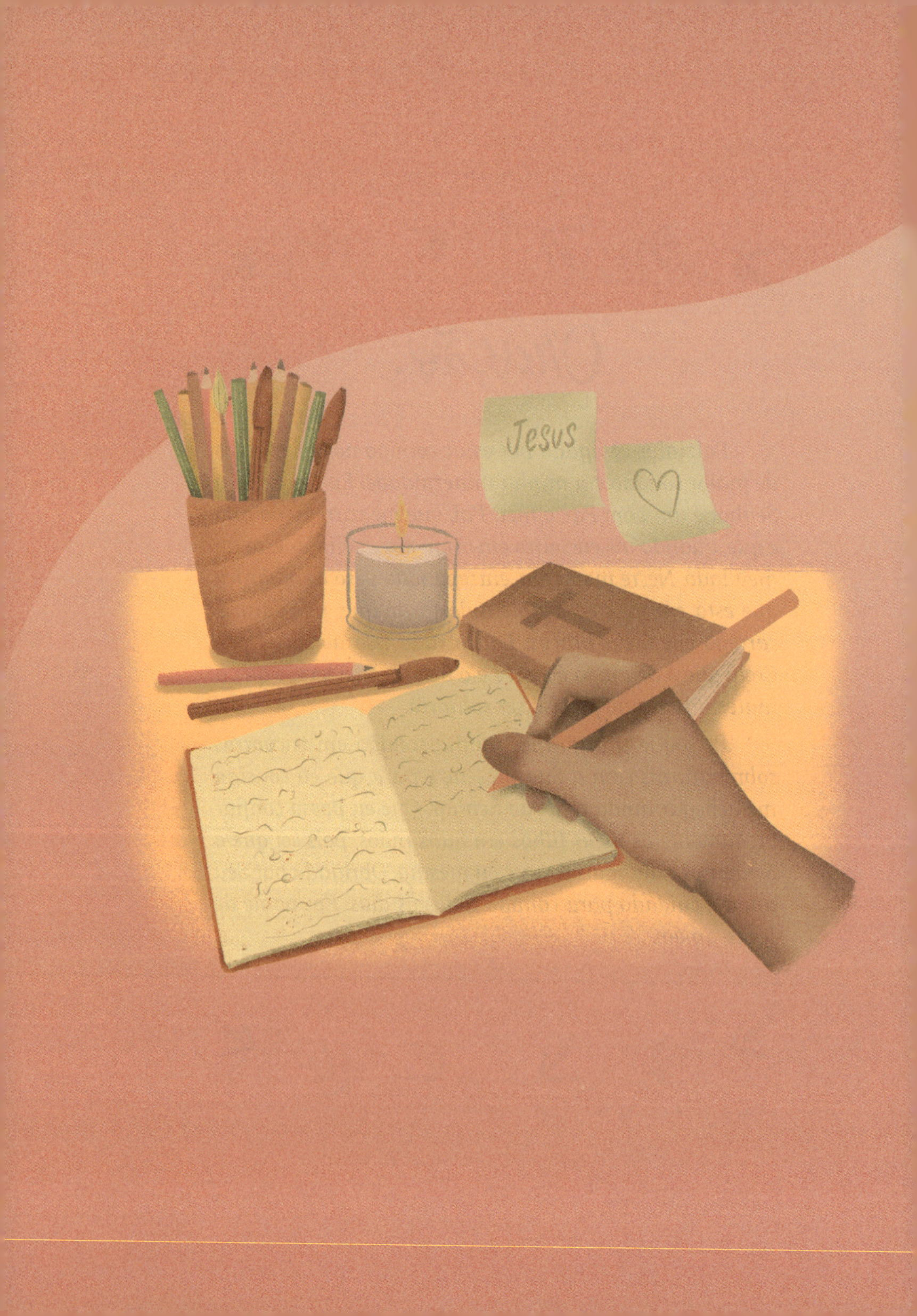
Jesus

Capítulo 7

Maternidade guiada pelo Espírito Santo e pela Palavra

Por Jackeline Hayashi e Juliana Rezende

Jackeline Hayashi

Ser guiado significa ser direcionado, conduzido e orientado.[1] Um guia pode apenas revelar caminhos, como um mapa, ou ser a pessoa que, além disso, conta a história do lugar pelo qual estamos visitando, como acontece em passeios turísticos. Logo, um bom condutor é aquele que tem vasto conhecimento e

---

[1] GUIAR. *In*: MINIDICIONÁRIO Aurélio da Língua Portuguesa. 6. ed. Curitiba: Positivo, 2007.

Capítulo 7

traz detalhes do percurso enquanto nos acompanha. Felizmente, esse é justamente o papel do Espírito Santo em nossas vidas: conduzir-nos ao longo da Palavra trazendo a revelação do que Deus deseja nos dizer. Portanto, assim como em todas as áreas da nossa vida, não existe ninguém melhor para nos ensinar sobre a educação de nossos filhos e sobre o processo da maternidade do que Ele.

Imagine que você está em uma jornada em cujo destino nunca esteve antes, correndo um grande risco de se perder. Ao chegar a um determinado local, você percebe que há um mapa sendo vendido e decide comprá-lo. Porém, ao olhá-lo, não entende seus símbolos, figuras e palavras. Sem demora, as pessoas lhe informam que ali existe um guia que sabe todos aqueles códigos e conhece a região. Ele, melhor do que qualquer um, poderá lhe ajudar a compreender as informações, pois sabe a história de cada parte daquele território e conseguirá lhe orientar para visitar os destinos mais adequados, além de ensinar coisas que você nunca pensou em aprender. Evidentemente, você desejará contratá-lo, afinal, se sentirá segura e tranquila com sua experiência, mesmo tendo as coordenadas em mãos.

O guia, no entanto, não tem a aparência de um profissional. Em sua cabeça, foi criada uma imagem que não condiz com aquele que está à sua frente: um senhorzinho de cabelos grisalhos, com andar calmo e, às vezes, bem direto nas palavras. Apesar de ser a pessoa que conhece o caminho, ele não conduz ninguém sem que tenham o mapa em mãos e, a todo tempo, os lembra de olhar para aquele papel, tentando explicar os símbolos, palavras e imagens. O homem chama a sua atenção para que você aprenda a ler os códigos, e tenta lhe ensinar a se localizar para que você saiba exatamente onde está. Entretanto, por falta de paciência ou

— Capítulo 7 —

por cansaço, você deseja seguir outro trajeto e o questiona sobre o motivo de não irem por um lugar diferente, não confiando completamente e duvidando daquilo que ele fala.

Então, no meio de uma rua bem escura e tenebrosa, você subitamente avista um guia liderando outro grupo. Ele parece carismático e usa palavras lindas e cativantes! Tudo na figura daquele homem parece perfeito, e ele nem sequer usa o mapa. Além disso, todos que o acompanham parecem felizes e tranquilos, andando com as mãos vazias. Enquanto isso, o seu condutor lhe dá uma bronca porque você acabou se distraindo e poderá se perder no meio daquela escuridão, mas você não dá ouvidos ao que ele está dizendo.

Em sua mente, surge a ideia de deixar aquele que está lhe orientando e acompanhar o condutor charmoso de fala doce. Você sai correndo, se une ao outro grupo e passa a segui-lo por todo lado, encantada com as palavras bonitas e com seu jeito meigo. Você pergunta para as pessoas ao seu lado: "Quem é ele?", e elas respondem: "Não sabemos, apenas achamos que ele se comunica muito bem, e viemos escutá-lo. Nossos ouvidos gostam de seu discurso".

No caminho, a rua fica cada vez mais escura, e as pessoas que estão com ele passam a se preocupar, mas o condutor permanece calmo. Quando menos se espera, bandidos chegam e assaltam a todos, levando seus pertences. Nervosos, os ladrões vão até você e dizem: "Passe tudo!". Entretanto, você responde: "Não! Eu não sou desse grupo! Pertenço ao grupo daquele guia ali!". O problema é que, ao olhar na direção da rua onde estava, você não encontra o senhor que lhe acompanhava, pois ele já havia levado aqueles que o seguiam para fora da escuridão. Agora, você está refém de

Sim, a trajetória da maternidade é linda, ao mesmo tempo em que pode ter ruas bem escuras. No entanto, se tivermos o mapa e o Condutor correto, nos alegraremos durante toda a jornada, aprendendo e realmente criando os nossos filhos no caminho do Senhor.

Capítulo 7

bandidos e percebe que o líder doce e simpático, na verdade, estava junto aos que lhe roubaram. Você caiu em uma armadilha.

Depois de ficar sem nada, você sai de lá arrasada, perdida em meio ao breu, e se lembra de que ainda tem o mapa no bolso. Entretanto, mesmo com ele, você não consegue se localizar, afinal, não prestou atenção enquanto o instrutor lhe ensinava a usá-lo. Que tristeza e que arrependimento! Desesperada, você decide gritar por seu antigo condutor: "Guia, socorro! Ajuda-me a sair daqui!".

Em um piscar de olhos, aquele senhor de cabelos branquinhos aparece ao seu lado e diz: "Filha, posso até ser duro algumas vezes, mas conheço tudo por aqui. Sei para onde cada caminho a levará, então, apenas acredite em mim e me siga. Ouça a minha voz e aprenda a ler o mapa; veja que ele está mostrando o quanto aquela rua era perigosa. Todos esses símbolos indicam isso! Confie no que está escrito e no que estou falando. Há coisas lindas aqui para você, mas é necessário que creia em mim. Venha comigo, vamos resgatar tudo o que lhe foi roubado". Então, você responde: "Perdão, Espírito Santo. Eu quero ouvir a Sua voz, confiar e seguir aquilo que estás me dizendo. Quero aprender a ler a Palavra de Deus diariamente e deixar com que ela seja um mapa na jornada da minha maternidade. Fica comigo durante todo este percurso!".

Assim como caminhar por trajetos que você ainda não conhece, a maternidade também é desafiadora, e haverá muitas vozes tentando seduzi-la, mas mantenha-se alerta. Em Colossenses 2.8, a Bíblia diz: "Tenham cuidado para que ninguém venha a enredá-los com sua filosofia e vãs sutilezas, conforme a tradição dos homens, conforme os rudimentos do mundo e não segundo Cristo". Portanto, escolha ficar com as Escrituras e com o Espírito

— Capítulo 7 —

Santo. Ele nos ajuda a ler as entrelinhas e nos guia com o auxílio dessa bússola maravilhosa chamada Bíblia.

Há tantas vozes atraentes e doces no meio do trajeto que podemos acabar em ruas escuras. Contudo, nessas situações devemos nos apegar mais à Palavra e à voz do nosso Guia, segurando forte em Sua mão, abrindo os olhos para o Seu direcionamento e confiando n'Ele. Recordo-me de ocasiões simples que geraram um impacto muito grande em minha vida materna e espiritual. Uma delas aconteceu um dia em que meu filho Matheus estava com uma tosse que não passava com nada. Ele chegou a vomitar devido à quantidade de secreção que tinha. Já havíamos orado, dado vários xaropes, mas nada estava resolvendo. Então, antes de dormir, pedi a Deus que me ajudasse com aquela circunstância. Naquela mesma noite, sonhei que preparava um xarope com açúcar mascavo, gengibre, hortelã e beterraba e, ao dar para meu filho beber, ele melhorava. Quando acordei, preparei-o imediatamente, pois tinha certeza de que o sonho não havia sido uma coincidência, mas uma providência do Senhor. Após tomá-lo várias vezes, a secreção diminuiu. Conversando com a minha mãe, ela me contou que essa era uma receita antiga na família. Eu possivelmente já tinha visto ela prepará-la ou ouvido alguém comentar sobre esse remédio natural, mas o meu consciente não se recordava disso. Entretanto, Deus, em sonho, me ajudou, ao fazer com que eu lembrasse disso. Não existem coincidências no Reino.

Com essa experiência, reforço o quanto é essencial que estejamos sensíveis ao Espírito Santo. Pare para ouvir a voz de Deus

— Capítulo 7 —

e separe um tempo para meditar nas Escrituras. Sei como a vida é corrida quando temos um bebê, contudo, hoje existe Bíblia até mesmo em áudio. Eu, por exemplo, a ouvia enquanto amamentava ou cozinhava, e isso ajudava muito! Devemos procurar não apenas ouvir a Palavra, mas praticá-la e, assim, construiremos uma casa sobre a rocha, como Jesus ensina em Mateus 7.

Sim, a trajetória da maternidade é linda, ao mesmo tempo em que pode ter ruas bem escuras. No entanto, se tivermos o mapa e o Condutor correto, nos alegraremos durante toda a jornada, aprendendo e realmente criando os nossos filhos no caminho do Senhor.

Oração:

  Querido Deus, coloco diante do Senhor a minha vida e a vida da pessoa que está lendo este capítulo. Auxilia-nos a não nos desviarmos nem para esquerda e nem para direita (cf. Provérbios 4.27), mas a permanecermos nos Seus caminhos! Que tenhamos o Seu amparo nesta linda jornada da maternidade, em que o Senhor é o melhor Guia, e a Sua Palavra, o melhor mapa. Queremos sempre obedecê-lO sem questionar, e confiar no Senhor todos os dias! Que os nossos filhos cresçam ouvindo e seguindo a Sua voz, tendo prazer na Sua Lei e nela meditando de dia e de noite. Que eles sejam como árvores plantadas junto a ribeiros, dando frutos no devido tempo, com folhagens que não murcham, e que sejam bem-sucedidos em tudo quanto fizerem (cf. Salmos 1.2-3). Em nome de Jesus, amém!

— Capítulo 7 —

Juliana Rezende

Entre tantas fases da maternidade, existe uma que particularmente me fascina: a vida intrauterina. Quando estava grávida, gostava muito de saber os estágios de desenvolvimento do bebê, os processos de concepção dos sistemas corporais, as formas de percepção e as sensações que ele experimenta dentro do útero. Quanto movimento já acontece ali! Quanta vida há neste pequeno órgão! Todas as informações que recebi me fizeram atentar ao fato de que precisava melhorar minhas práticas de alimentação, sono e exercícios físicos, além de ordenar os meus pensamentos e, como consequência, meus sentimentos durante a gestação. Tudo o que fazemos durante esse período afeta a pequena vida que já se desenvolve dentro de nós, como diz no livro de Salmos:

> Contudo, tu és quem me fez nascer; e me preservaste, estando eu ainda ao seio de minha mãe. A ti me entreguei desde o meu nascimento; desde o ventre de minha mãe, tu és o meu Deus. (Salmos 22.9-10)

Essa profunda declaração do salmista Davi nos leva a uma maior compreensão em relação à existência dos bebês ainda no ventre de suas mães. A vida intrauterina é um mistério em vários aspectos, uma vez que muitos experimentos não podem ser realizados por conta da delicadeza no processo de formação. Porém, a cada dia, surgem novos estudos voltados para os acontecimentos e transformações morfológicas e psíquicas que ocorrem enquanto crianças estão sendo gestadas. Muitas experiências e aprendizados para o bebê sucedem no útero, que, além de ser nossa primeira casa, é nossa primeira sala de aula. Ali, as percepções e sensações são transmitidas da mãe para o seu filho de forma surpreendente, das quais falaremos mais adiante.

— Capítulo 7 —

Nós, da cultura ocidental, normalmente celebramos os aniversários contando o dia do nascimento da criança, porém, curiosamente em outros povos, a contagem começa a partir da concepção.[2] Acho admirável essa prática, pois reflete o fato de que a vida do bebê não começa no momento do parto, mas em sua formação, quando o Senhor já os vê (cf. Salmos 139.16). Assim, ao olhar para as etapas da gravidez, nos lembramos de que Deus planeja cada parte dela. Por esse motivo, é muito importante que os pais recebam Sua direção em todas as situações, inclusive na escolha do nome da criança. Essa é uma grande decisão, pois quem está nascendo será chamado dessa maneira para sempre. O nome traz consigo o peso do significado, e é algo que difere o indivíduo de todos os outros, podendo estar relacionado à personalidade e ao propósito de vida dos nossos filhos. Ensinar a criança no caminho em que deve andar (cf. Provérbios 22.6) e declarar a identidade dela é responsabilidade do pai e da mãe, ou de qualquer pessoa que exerça a função parental, trazendo direção para a estrada de sua vida. No tocante à nossa parte como mães, quero convidá-la a pensar em uma maternidade guiada pelo Espírito Santo, não a partir do momento do nascimento do bebê, mas ousadamente começando esta jornada com ele ainda em seu ventre.

Para muitas mulheres, a notícia de uma gravidez chega carregada de temores e inseguranças, e isso acaba privando-as de

---

[2] BAZI, Daniela. **Por que a idade é diferente na Coreia do Sul?** Publicado por *Aventuras na História* — UOL em março de 2020. Disponível em *https://aventurasnahistoria.uol.com.br/noticias/almanaque/historia-por-que-idade-e-diferente-na-coreia-do-sul.phtml*. Acesso em setembro de 2021.

— Capítulo 7 —

inúmeras experiências na gestação. Não me refiro a um medo bom que alerta e protege de situações de perigo, mas àquele que paralisa e rouba a alegria. Quando o bebê está em formação, ele sente todas as emoções da mãe. Por isso, se ela passar por momentos de intensa felicidade, satisfação e paz, ele saberá; da mesma forma, ele sentirá todo sentimento de insegurança, tristeza, raiva, pavor e medo. As emoções e receios da gestante afetam a criança que está exposta aos mesmos estímulos. Quando a mãe está em estado de estresse, ocorre a liberação de hormônios que entram na circulação sanguínea, podendo causar o mesmo efeito no neném. Por isso, é muito importante que nos apeguemos ao Senhor nos momentos de maior preocupação, entregando a Ele o controle e descansando n'Aquele que tem o poder sobre nossas vidas.

Maria, por exemplo, foi uma mulher que confiou completamente no Senhor em sua maternidade, como vemos no primeiro capítulo do evangelho de Lucas. Aprendemos com ela três atitudes de uma mulher guiada pelo Espírito Santo. Em Lucas 1.30-31, o anjo se apresenta a ela levando o anúncio da gravidez, e declara: "[...] Não tenha medo, Maria; porque você foi abençoada por Deus. Você ficará grávida e dará à luz um filho, a quem chamará pelo nome de Jesus". Quero reforçar aqui a sensibilidade do nosso Deus em abordar essa insegurança tão presente na gravidez ao nos mostrar que a mãe do Cristo estava com medo, mas teve paz após ouvir as palavras do anjo que a visitou. A primeira atitude a ser tomada por nós, então, é deixar de alimentar esse sentimento. Se você estiver se preparando para uma gestação, ou caso já esteja grávida, este é o momento de se alinhar aos pensamentos divinos. Lembre-se de que, essencialmente, você já tem tudo o que precisa para atender o seu bebê: seu corpo para formá-lo e carregá-lo, seus seios (alimento), seu colo (conforto) e sua presença (amor).

— Capítulo 7 —

Levando em consideração o fato de que sentimentos intensos e grande vulnerabilidade estão presentes ao nos tornarmos mães, é importante que as grávidas busquem pessoas que tenham boas coisas a dizer. Conectar-se com outras mulheres que estejam vivenciando ou que já tiveram essa experiência nos faz mais fortes e confiantes de nossa capacidade. Existem muitos grupos de apoio a gestantes, e hoje, com as redes sociais, fica mais fácil encontrar esses pontos de conexão. Ser ouvida e compreendida é muito agradável e gera bem-estar. Olhemos para a vida de Maria mais uma vez: uma mulher jovem que, com a revelação do anjo, buscou compartilhar aquela novidade com alguém que poderia ajudá-la! Não sei se você já esteve grávida, mas normalmente queremos dar essa notícia a todos, para que se alegrem conosco. A Bíblia relata que Maria procurou Isabel, sua prima, que também gerava um bebê (cf. Lucas 1.39), e passou ali uma temporada de mais ou menos três meses. Penso que foi de grande valia elas estarem juntas no primeiro trimestre de gestação, pois nesse período costumam ocorrer os enjoos, e contar com alguém que já havia passado por aquela fase, provavelmente, a auxiliou bastante. Também acredito que houve uma troca muito importante entre elas nesse tempo, afinal, Isabel tinha idade avançada e estava nos últimos meses de gestação, e Maria deve tê-la ajudado nos afazeres. Assim, aprendemos com mais uma de suas atitudes: conecte-se com mulheres cheias do Espírito Santo.

No momento do encontro das duas, Isabel declara: "E que grande honra é para mim receber a visita da mãe do meu Senhor!" (Lucas 1.43). O que me encanta nessa passagem é a confirmação de que bebês podem perceber o mover do Espírito. A presença de Jesus tinha chegado naquela casa. E ela continuou: "Pois, logo que me chegou aos ouvidos a voz da saudação que você fez, a criança

— Capítulo 7 —

estremeceu de alegria dentro de mim" (Lucas 1.44). João Batista, ainda dentro do útero materno, alegrou-se com a aproximação de Cristo. Isso nos encoraja a expor os nossos bebês, mesmo antes de nascerem, à presença de Deus, para que já possam perceber a glória d'Ele. Isso é maravilhoso! Em seguida, lemos que Maria irrompeu em um cântico de adoração, declarando louvores e exaltando ao Senhor (cf. Lucas 1.46-55).

Agora, para que possamos perceber a Sua presença, precisamos ter tempo com Ele, e esse é o terceiro ensinamento. Dessa forma, nosso filho também se familiarizará com essa realidade. A vida de Maria nos mostra que uma mulher, mesmo tão jovem, quando obediente ao Senhor e guiada pelo Espírito, pode tomar decisões sábias e muito assertivas. Ela teve o vigor de viver segundo uma palavra de Deus, foi destemida e corajosa a ponto de suas decisões serem sustentadas por aquilo que ouviu do anjo. Quando criamos nossos filhos sendo guiadas pelo Espírito Santo e pelas Escrituras, há segurança para nós e para eles.

Quero encorajá-la a viver ousadamente essa maternidade que nasce do relacionamento profundo com Deus, sendo fruto de uma experiência pessoal (cf. Jó 42.5). Meu desejo é que você seja uma mãe consciente, que desfrute das bênçãos d'Ele e que, intencionalmente, tenha atitudes que colaborarão para o cumprimento do propósito de vida de seus filhos neste mundo. Não tenha medo, conecte-se com mulheres cheias do Espírito Santo e, acima de tudo, empregue seu tempo aos pés do Senhor.

Talvez você esteja lendo tudo isso mas já tenha criado seus filhos, ou talvez tenha passado pela gestação de forma inconsciente, sem compreender a profundidade que envolve esse período. É

— Capítulo 7 —

possível, também, que você tenha sido capturada por pensamentos negativos e contrários à Palavra. Entretanto, não se culpe, mas perdoe a si mesma e saiba que, em Cristo, há redenção para nós e para os nossos filhos (cf. Efésios 1.7). Que estejamos atentas ao propósito de Deus para a vida das nossas crianças, e que esse entendimento se inicie durante a gestação. Além disso, que nós, mulheres, honremos quem somos: a única forma escolhida pelo Senhor para que os bebês cheguem a este mundo!

Oração:

   Senhor Deus, obrigada por ter me feito mulher e por eu poder ser um canal de Suas bênçãos para a vida dos meus filhos. Peço por sabedoria para que, em cada passo desta jornada, eu possa tomar as decisões corretas e ter a direção do Seu Espírito Santo em tudo o que fizer. Sua Palavra diz que, ainda substância informe, os Seus olhos veem os bebês em formação dentro do ventre de suas mães, e essa verdade é maravilhosa (cf. Salmos 139.13-16)! Que eu tenha as palavras e os pensamentos certos e alinhados com tudo o que vem do Senhor. Dá-me sensibilidade para perceber Sua presença, para que, assim, o meu bebê também se familiarize com o Seu toque e a Sua voz. Que eu seja guiada em tudo pelo Seu Espírito Santo e pela Sua Palavra. Em nome de Jesus, amém.

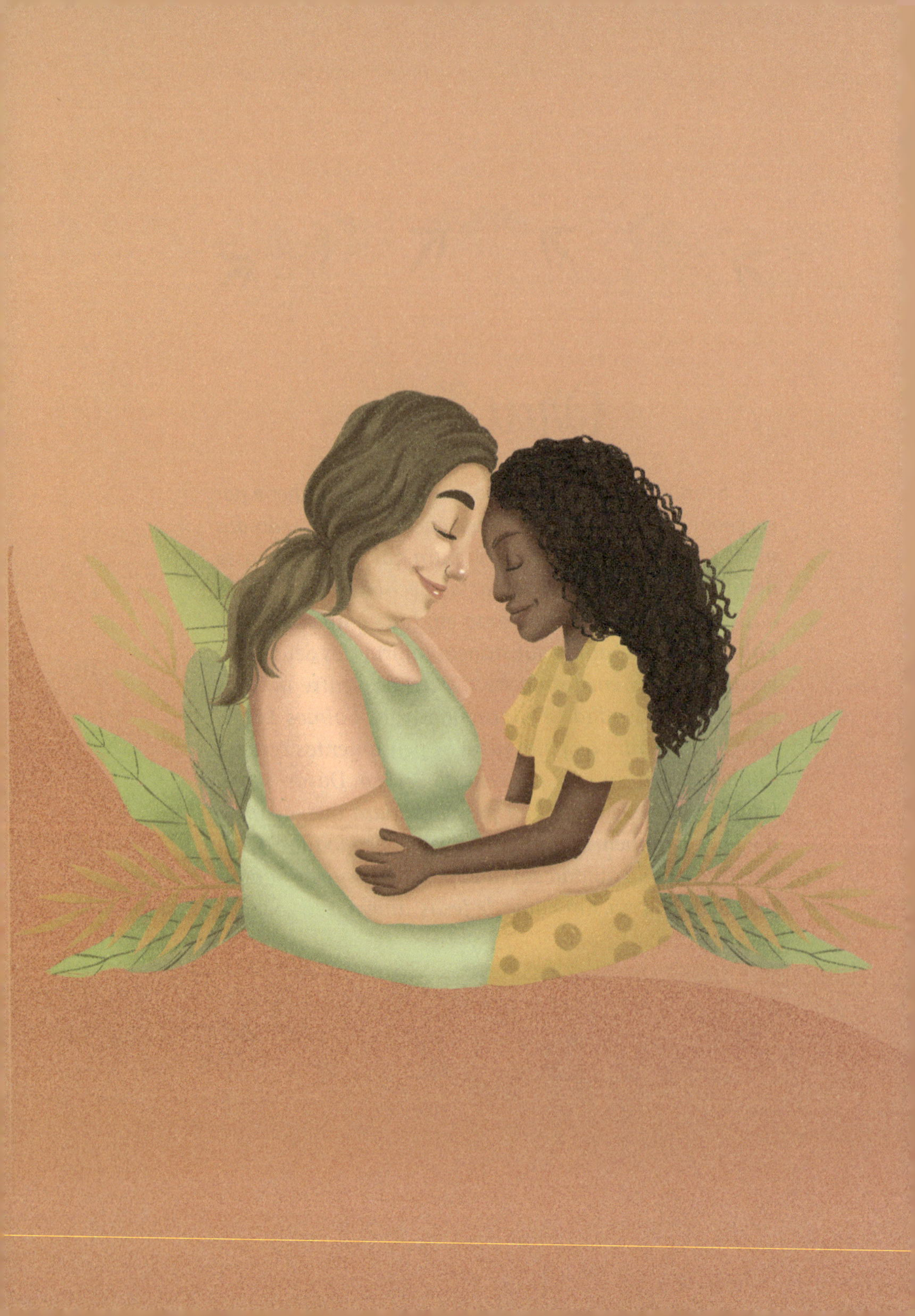

Capítulo 8

Sem culpa ou medo de errar

Por Julyana Caiado

LEIA: ROMANOS 8.1-2; GÁLATAS 5.1

Na maternidade, sempre existe um momento de antecipação às mudanças que acontecerão em nossas vidas. Pode ser aquele em que descobrimos que estamos grávidas, ou mesmo antes, quando somente existe o desejo de ser mãe. Temos uma lista de sonhos, expectativas, coisas fofas para comprar, quarto para decorar e um frio na barriga esperando para saber se o bebê é menino ou menina. "Será que vai se parecer com o papai ou com a mamãe?", nos perguntamos. Planejamos as fotos, aniversários, roupinhas que o bebê usará e imaginamos tudo que acontecerá logo no início de sua vida.

— Capítulo 8 —

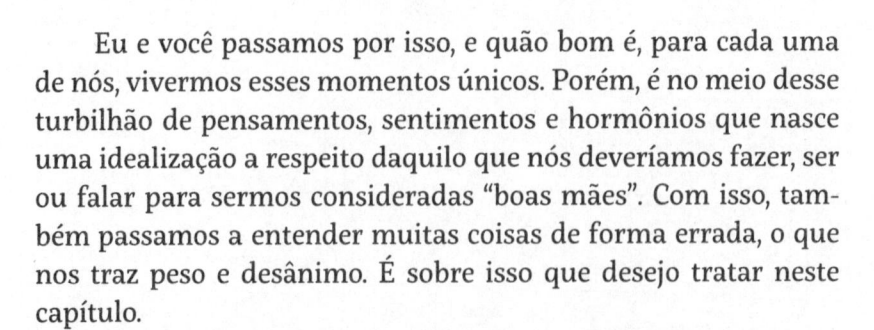

Eu e você passamos por isso, e quão bom é, para cada uma de nós, vivermos esses momentos únicos. Porém, é no meio desse turbilhão de pensamentos, sentimentos e hormônios que nasce uma idealização a respeito daquilo que nós deveríamos fazer, ser ou falar para sermos consideradas "boas mães". Com isso, também passamos a entender muitas coisas de forma errada, o que nos traz peso e desânimo. É sobre isso que desejo tratar neste capítulo.

Você já ouviu falar que, quando nasce uma mãe, nasce também a culpa? Infelizmente, o pensamento de que essa é uma condição inerente à maternidade é comum, afinal, acabamos nos martirizando por tudo: pela ausência, pela impaciência, pela falta de sabedoria em alguns momentos, por gritos que escapam, por brigas, por chegar atrasada e perder a apresentação na escola por algum motivo, pelo trabalho que nos tira de casa, por aquilo que achamos estar errado e pela aparente carência de maturidade. A lista realmente não tem fim. E eu era uma dessas mães, paralisada pelo remorso, sem perceber que a ideia de não poder falhar estava afetando meus filhos.

Então, em relação à perfeição que cobramos de nós, direi aqui uma constatação que aprendi: enquanto mães, teremos muito mais a desaprender do que a aprender. Eu, por exemplo, tenho sete filhos: o mais velho tem vinte e sete anos, e a mais nova tem seis. Desde o início, tive de expandir minha percepção acerca da maternidade, para sobreviver à pressão colocada sobre mim, inclusive por mim mesma. Assim como você, que está com este livro em mãos para adquirir mais conhecimento, eu também

Enquanto mães, teremos muito mais a desaprender do que a aprender.

— Capítulo 8 —

busquei auxílio para viver de maneira mais leve. E consegui. Ou melhor, estou conseguindo.

Sendo assim, precisamos urgentemente abrir espaço para falhas e recomeços todos os dias. Posso lhe afirmar que todas nós estamos descobrindo coisas novas e certamente iremos errar, por isso, é necessário que nos desfaçamos de crenças que nos atrapalham e, com certeza, alimentam a nossa culpa. O que o mundo nos vende como a imagem de uma mãe ideal, na verdade, não existe, e isso precisa ficar claro desde o princípio. Sempre enfrentaremos momentos em que não saberemos a resposta ou como reagir, e todos os dias esbarraremos em obstáculos que nos darão vontade de desistir desse papel. Isso ocorre, porque, apesar de ser maravilhosa, a maternidade é desafiadora, e se torna ainda mais difícil quando colocamos em nossas mentes a ideia de que a perfeição deve ser alcançada. É esse tipo de pensamento que acarreta frustrações constantes, pois nunca chegaremos lá.

Se refletirmos bem, talvez estejamos até mais exaustas por corrermos atrás de uma versão de mãe impecável, que é sempre disposta, que brinca, dá aulas, apenas come alimentos saudáveis, sabe equilibrar o tempo, se exercita, tem vida social, empreende e acaba fazendo isso tudo ao mesmo tempo. A realidade é que preencher todas as lacunas desse estilo de vida é impossível e, por esse motivo, repensar nossos padrões pode ser o primeiro passo em direção à nossa liberdade da culpa. Em primeiro lugar, você deve se perguntar de onde vem esse padrão de mãe que tanto tem buscado. Onde será que nasceu a sua crença de que nunca é o suficiente?

Está na hora de se desprender desse imaginário. As falhas nos ajudam a crescer. Costumo dizer que nossas casas são como uma "escola de vida". Nela, nossos filhos aprendem a enfrentar os desafios, a se relacionar e a entender que existem pessoas que pensam de maneiras diferentes. É no lar que eles nos verão errar e pedir desculpas, e, nesse mesmo lugar, eles lidarão com limites e frustrações. Se, como família, não formos uma amostra do que é a vida lá fora e também do que ela deveria ser, não os prepararemos para o mundo. Somos a escola mais eficiente, porque ensinamos com amor e acolhimento.

Você percebe, agora, que seu erro também ensina? Nossos filhos precisam saber que as pessoas se equivocam, acordam de mau-humor, têm TPM, dão respostas atravessadas, e que cabe a nós desculpar, ter empatia e tolerar. Jesus Cristo disse que devemos ter um coração manso e humilde (cf. Mateus 11.29), e eu lhe pergunto: onde eles aprenderão a ter essa atitude? Qual é o melhor lugar para formar o caráter de nossas crianças se não em casa? Quando lidam com a nossa humanidade, eles aprendem que todos falham, mas quando apenas encontram "perfeição", acreditam em uma realidade fantasiada, que não os ensina, mas afasta.

Logo, a primeira certeza que desejo apagar de sua mente é a crença de que errar é um grande problema. As falhas, na realidade, fazem parte de aprender e ensinar; elas são uma permissão para crescer. Se, para você, isso é algo inadmissível, pode ter certeza de que para seu filho também será. E isso se torna uma limitação, já que, muitas vezes, é daí que nasce a noção de inadequação que levamos para a vida toda. Contudo, lembre-se que a Bíblia diz que até mesmo Jesus Se colocou no lugar de aprendiz, em obediência, por meio das coisas que sofreu

Precisamos urgentemente desaprender as ideias de padrões irreais que impuseram sobre nós e, assim, abrirmos espaço para falhas e recomeços todos os dias.

— Capítulo 8 —

(cf. Hebreus 5.8). Esse, então, também deve ser o caminho pelo qual trilharemos.

Devo lembrá-la de que essa constante de aprendizados também é sua. Quando nos tornamos mães, não sabemos o que nos espera, nada nos prepara suficientemente para esse papel. Resta-nos dar as mãos aos nossos filhos e traçar essa jornada em conjunto. Inclusive, acredito que seja por isso que, em Provérbios 22.6, está escrito que devemos instruir nossos filhos "**no** caminho em que devem andar", e não "**o** caminho".

Outra ideia que creio ser importante que você tire de seu coração é que a maternidade ideal é aquela sem desafios, problemas ou momentos de preocupação. Isso não existe, e aprendi ao longo da vida a olhar para esses problemas diários como grandes oportunidades. Darei alguns exemplos: quando meus filhos reclamam, posso ensiná-los a respeito da gratidão, e é na hora da mentira que eu lhes mostro com mais clareza o que é a verdade. No momento do erro, temos a possibilidade de entender mais profundamente onde devemos corrigi-los, e a maneira como encaramos cada situação dessas muda tudo.

Por volta dos oito anos, uma de minhas filhas passou a ter um hábito constante de reclamação. Para ela, tudo estava ruim, errado, ninguém a entendia e todos implicavam com ela. O dia poderia ter sido maravilhoso, mas bastava um incidente na hora de dormir que aquele se transformava no pior momento de sua vida. Normalmente, o que vem à nossa mente é a constatação de que "ela é assim mesmo", mas isso não é verdade! Nessas ocasiões, podemos agir com sabedoria, e decidi olhar aquele desafio como uma oportunidade de ensinar minha filha sobre o poder da gratidão. Então, todos os dias, antes de ela ir para a cama, passamos a preencher juntas o que chamei de "caderno da gratidão". Um caderno normal, em que, em cada página, ela tinha de anotar motivos para agradecer. No início, nunca havia nada para agradecer, mas eu a fazia recordar de algo. Com o esforço diário, logo começou a surtir efeito. Hoje, quatro anos depois, tenho uma filha grata, que consegue ver a bondade do Senhor e que, sim, reclama de vez em quando — porque essa aprendizagem é um processo —, mas que também sempre lembra que existem razões para agradecer. Você se lembra que eu lhe disse que ninguém é perfeito? De fato, não somos, mas nossas falhas nos ensinam e nos permitem crescer para sermos cada vez melhores.

Outro conceito fundamental que faz diferença na maternidade e que poucos conhecem é a vulnerabilidade. Ela nos aproxima das pessoas, de nós mesmas e de Deus, enquanto a ideia da perfeição nos distancia de nossa família, amigos e do que o Senhor quer nos ensinar. Dessa forma, quando alguém chega perto de você e diz: "Eu também sinto isso!" ou "Meu filho também faz isso!", você tem a sensação de não estar sozinha, pois existem outras pessoas vivendo o mesmo processo. Saber que todos passam por problemas e por dúvidas só se torna possível quando mostramos pontos frágeis, falhas, nossa realidade e aquilo em que precisamos de ajuda.

Agora, imagine seu filho, que antes a via como uma mãe que sabe tudo e nunca erra, ouvir de você: "Eu também passei por essa situação, eu lhe entendo". Isso provavelmente o fará sentir-se aliviado e ainda mais próximo de você.

Certa vez, uma de minhas filhas veio conversar comigo sobre a sua dificuldade em praticar alguns esportes nas aulas de Educação

— Capítulo 8 —

Física. Havia em seu coração o medo de ser criticada, falhar e virar piada na turma. Minha menina demorou para entender que, na vida, ela poderia errar, e isso fez com que fugisse de qualquer coisa que fosse mais desafiadora por um tempo. Esse problema também lhe tirou oportunidades com os amigos e a impossibilitou de viver coisas novas. Ao refletir sobre essa circunstância, lembrei de mim mesma, afinal, eu era exatamente assim.

Quando coisas assim acontecem, você imediatamente busca em sua mente o melhor conselho, aquele que uma mãe sábia daria, e tenta pensar em um discurso incrível. Mas, às vezes, a empatia pode ser tudo que seu filho precisa. Por isso, eu apenas disse: "Eu entendo. Também era assim". Quando nos colocamos no lugar deles, ao seu lado, passamos a nos relacionar de uma maneira diferente. Criamos laços, conexão e, a partir desse ponto, tudo fica mais fácil, afinal, não há nada pior do que conversar com alguém que, além de não entender você, a diminui. Por esse motivo, temos de avaliar a nós mesmas para compreendermos se existe esse tipo de sentimento em nós, e sermos sinceras: quantas vezes respondemos nossos filhos com: "Deixa de bobagem, não precisa disso!"?

A partir do momento em que eu e minha filha nos conectamos, tentamos encontrar uma solução e nos fizemos perguntas pontuais como: o que significava o erro e a falha para ela? Como ela poderia se importar menos? Pensamos que seus colegas de turma poderiam estar na mesma situação, mas tentavam e riam dos próprios erros. Então, buscamos maneiras para que ela vivesse de forma mais leve, e eu a fiz refletir, questionando seus sentimentos. Posso dizer que agora, aos poucos, estamos vencendo os medos. De fato, quando ela soube que eu também passo

— Capítulo 8 —

por isso todos os dias, começou a se sentir menos inadequada. E o resultado dessa ligação entre nós é que eu estou escrevendo um capítulo de um livro sobre maternidade e me preparando para outras obras, enquanto ela experimenta viver o novo.

Agora, pense como seria se a resposta para a minha adolescente tivesse sido em certo tom de arrogância, diminuindo seus sentimentos sem que eu a ouvisse ou entendesse. É certo que não ensinaremos efetivamente se não nos envolvermos com suas dores e questões. A vulnerabilidade é responsável por criar pontes para nos aproximar de nossos filhos, nos permitindo instruí-los de forma cada vez mais efetiva.

Ainda em meus aprendizados como mãe, vejo a força da intencionalidade: uma palavra que pode até soar estranha, mas tem um poder enorme para todos nós. Sermos intencionais é sabermos para onde estamos indo e entendermos que, a cada desafio enfrentado, é preciso parar de reclamar e pensar no que podemos ensinar aos nossos filhos agora, e no quão verdadeiras estamos sendo nessa relação de troca. Essas reflexões nos impedirão de desejar ser o que não precisamos: a mãe que ainda acredita que não pode errar, que necessita demonstrar equilíbrio a todo instante, mesmo quando as coisas estão desesperadoras, fazendo os seus filhos olharem para ela e sentirem que aquilo não é real. Um bebê sente, uma criança sabe, um adolescente tem certeza. Por isso, a entrega deve ser genuína.

Desde cedo, nossos filhos precisam conhecer a verdade: somos humanas. Contudo, além deles, quem mais precisa saber disso somos nós mesmas. Portanto, coloque um adesivo colado na porta de sua geladeira com um lembrete bem grande: "Você é

A vulnerabilidade nos aproxima das pessoas, de nós mesmas e de Deus, enquanto a ideia da perfeição nos distancia de nossa família, amigos e do que o Senhor quer nos ensinar.

— Capítulo 8 —

humana!". Não foram eles, fomos nós que idealizamos esse "robô", e disso nasce a culpa.

Isso está relacionado com a expectativa em um jeito certo de viver a maternidade e com a percepção errada de que nossa função é criarmos seres perfeitos, além de acharmos que também devemos ser sempre equilibradas e produtivas. A culpa está relacionada com idealização, comparação e frustração. Eu já experimentei bastante esses sentimentos. Olhava para meus filhos e sabia que muito do que via em cada um deles era resultado da maneira como os tinha educado e, até mesmo, de meus erros.

A culpa, no entanto, se tornou algo positivo e não foi totalmente inútil. Sejamos inteligentes: uma vez que ela aparece como uma visita inoportuna, temos de aproveitá-la. Quando falho e me sinto mal por ter me excedido, olho para esse momento com vontade de aprender. Com isso, percebo que preciso entender mais sobre meus gatilhos, sobre minhas necessidades não atendidas, sobre o que me tira do sério e sobre tudo o que está faltando em minha vida, em todos os aspectos. Esses problemas servem de alerta, como uma lupa que nos possibilita olharmos para aquilo que nos traz angústia. Sendo assim, eu lhe convido a investigar esse sentimento, pois, talvez, você precise trabalhar para se perdoar.

A palavra de Deus diz, em Romanos 8.1: "Agora, pois, já não existe nenhuma condenação para os que estão em Cristo Jesus". Por que, então, você vive se acusando por talvez ter magoado alguém ou feito uma escolha errada? Se Cristo já lhe perdoou, por que você acha que não merece recomeçar? Temos o hábito de sermos cruéis e, muitas vezes, mais duras com nós

— Capítulo 8 —

mesmas do que com as outras pessoas, e isso não é algo que Deus quer de nós. Essa autoflagelação chega a nos paralisar. Por isso, perdoe-se.

Meu convite é para que você saia desse lugar de punição e pare de acreditar em pensamentos como: "Nada adianta", "Eu não sei lidar com isso", ou até mesmo "Não nasci para ser mãe". Levante-se dessa quase desistência para se mover intencional e conscientemente em direção a um posicionamento de responsabilidade que é devido. Nossos filhos precisam de nós, de nossa presença, de nossos limites e segurança. E, também, da nossa verdade.

> *A culpa serve de alerta, como uma lupa que nos possibilita olharmos para aquilo que nos traz angústia.*

A maternidade não é matemática. Não há uma fórmula pronta; cada família encontra seu jeito, suas prioridades, suas regras. Precisamos pedir a sabedoria do Espírito Santo todos os dias e entender que esse é um processo que envolve toda a família; os nossos filhos nascem e, junto com eles, vamos aprendendo a lidar com os desafios diários.

Ser mãe é a maior escola de desenvolvimento pessoal que existe. Nada irá ensiná-la ou transformá-la tanto quanto assumir a responsabilidade de preparar alguém para a vida adulta. E o que fará essa jornada ser mais leve será a compreensão, desde o começo, de que aquilo que o seu filho menos precisa é de alguém perfeito.

Oração:

Pai amado, agradeço pela bênção da maternidade e por poder aprender todos os dias sobre vulnerabilidade. Eu nada seria sem o Seu amor. Neste momento, peço por sabedoria do Alto para educar meu filho. Sei que não preciso ser perfeita, então perdoa-me por muitas vezes julgar outras mães e a mim mesma. Dá-me força, disposição e humildade para ser sincera com os meus filhos; e permita que, junto com eles, eu me coloque em uma posição de aprender e de me conectar, para que possamos crescer em Sua Palavra. Senhor, eu sei que tenho responsabilidade para com a Sua herança, e estou aqui para cumprir meu papel de mãe. Por isso, convido o Espírito Santo a ser meu melhor Amigo, me conduzir e orientar todos os dias da minha vida. Amém!

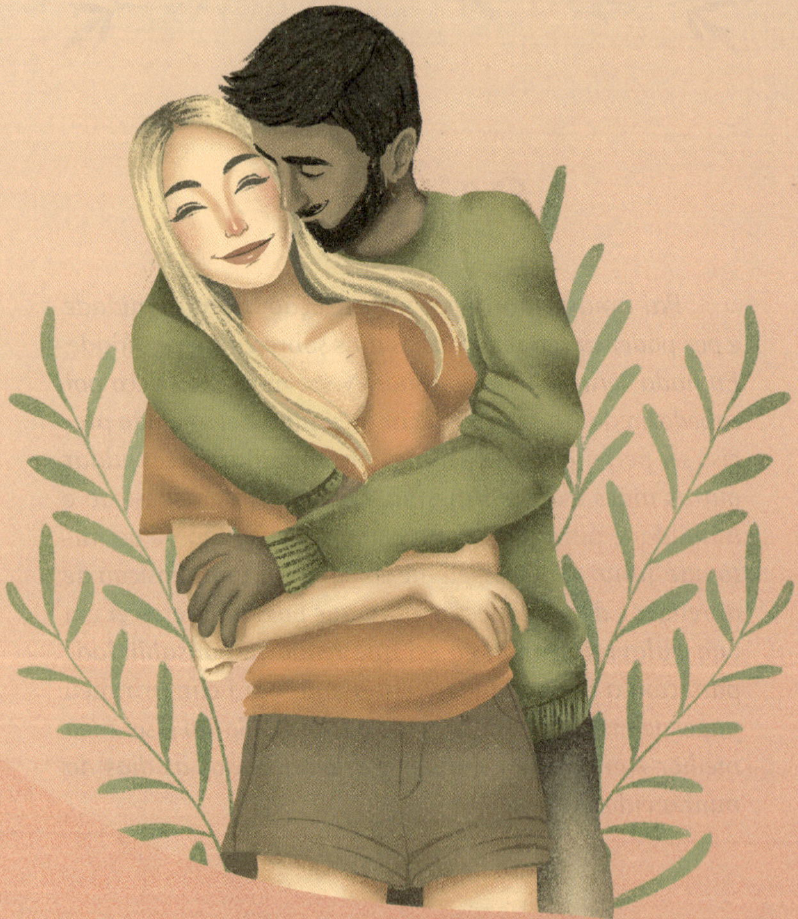

Capítulo 9

Cuide do seu casamento

Por Jackeline Hayashi

LEIA: PROVÉRBIOS 4

É um desafio pensar em como manter o "fogo da paixão" aceso entre um casal em meio ao caos de noites mal dormidas, fraldas eternas, seio doendo com a amamentação e corpo mudando todos os dias. Durante esse tempo, comer ou mesmo tomar um simples banho parece virar um luxo para a mãe de um bebê. Esse desafio existe não apenas quando os filhos são pequenos, mas permanece quando eles crescem, pois nossas energias são sugadas por lições de casa, problemas com amigos, atividades extracurriculares e puberdade. Quem nunca passou ou está passando por isso? Sabemos que o casamento é importante e, em muitos momentos, queremos ser mulheres lindas e maravilhosas, que estão sempre dispostas e disponíveis, mas o cenário de um bebê vomitando, uma semana de provas pela frente e filhos nervosos faz essa idealização passar bem longe da realidade.

Porém, será que temos que sofrer assim sempre? Particularmente, em meio às dores da maternidade, descobri que nem todas as situações precisam ser dessa forma. Meu marido não deve e nem pode ser esquecido, e eu preciso me esforçar um pouco mais para lembrar o quanto é bom uma noite de amor com ele, ou que sair somente com ele não é maldade ou abandono dos filhos. De fato, a correria do dia a dia, uma criança doente ou o amor avassalador de uma mãe pode nos fazer esquecer o quanto é delicioso um tempo a sós com nosso cônjuge. Contudo, essa realidade não precisa ser definitiva em nossas vidas.

Por isso, elaborei cinco verdades que podem ajudar mães, independentemente da idade de seus filhos, a encontrarem alegria e prazer com seus maridos, investindo em seu casamento durante a maternidade:

Invista no Dia da Família

A Bíblia diz, em Efésios 5.15-16: "Portanto, tenham cuidado com a maneira como vocês vivem, e vivam não como tolos, mas como sábios, aproveitando bem o tempo, porque os dias são maus". É muito importante agir prudentemente, com sabedoria, principalmente quando lidamos com a nossa família. Por isso, quero falar sobre o "Dia da Família". É algo que fazemos aqui em casa desde o momento em que nos casamos, pois é parte da cultura da nossa igreja todas as pessoas terem um dia exclusivo para

*É necessário entendermos
que nossas crianças, e mesmo
adolescentes, estarão mais
felizes com os pais unidos, pois
essa união traz segurança
e oferece a eles uma linda
referência de casamento.*

suas famílias. Nele, separamos um dia da semana para termos um tempo de qualidade entre nós.

Antes dos filhos, às quintas-feiras, eu e meu marido, Lucas, saíamos para o nosso Dia da Família, quando podíamos namorar e tínhamos ótimos momentos juntos. Era nesse dia que conversávamos sobre nós dois, e até hoje fazemos esses encontros. Agora, também temos o Dia da Família com os filhos, e programamos, pelo menos duas vezes por mês, uma saída apenas como casal. Além disso, procuramos fazer, no mínimo uma vez ao ano, uma viagem só nós dois (nem que seja para uma cidade vizinha).

No Dia da Família, fazemos três perguntas um ao outro, as quais você também pode aplicar em sua vida:

1. *O que eu faço que você gosta?*

Por meio das respostas, vocês poderão descobrir a linguagem de amor de cada um e melhorar essa comunicação.

2. *O que eu faço que você não gosta?*

Às vezes, coisas que você faz não parecem ser nada importantes, mas podem irritar profundamente seu cônjuge. Contudo, se ele não falar, você nunca saberá, e vice-versa. Então, não presuma que seu marido esteja fazendo algo de propósito para lhe incomodar se você nunca comunicou que não gosta daquilo. Também não pense que ele fará algo que lhe agrada se isso não foi esclarecido em uma conversa. Homens não são muito bons em perceber sinais, e nós também podemos deixar passar muita coisa às vezes, não é mesmo?

— Capítulo 9 —

3. O que eu não faço que você gostaria que eu fizesse?

De novo, como você quer que seu maridão lave a louça quando nunca disse a ele o quanto ama quando ele o faz? Não adianta dizer que está cansada ou que gostaria muito de uma ajuda, ele pode não entender o que você deseja. Contudo, sentar, conversar e combinar que farão algo que não tinham o costume antes gera uma corrente de amor. É certo que, muitas vezes, vocês se esquecerão dos combinados, mas é importante lembrar sempre que vocês estão tentando. Se não conseguirem cumprir alguma tarefa, devem conversar sobre isso no próximo Dia da Família.

Fazendo essas perguntas constantemente, garantiremos um alinhamento contínuo no casamento. Com o tempo, as listas dos defeitos vão diminuindo. Isso ocorre, em parte, porque passamos a perceber que existem coisas que não mudam — e está tudo bem — e, em parte, porque nós também temos aspectos em que temos dificuldade para evoluir, mas que, aos poucos, conseguimos melhorar, gerando felicidade aos dois. Como casal, é importante que se proponham a investir no casamento, trazendo mais alegria e união. Com certeza, a família toda se beneficiará disso.

Sobre essas "melhorias", tenho um exemplo que me faz rir muito. O Lucas é excessivamente focado, então, ele anota no bloco de notas quando eu faço algo que ele não gosta e traz para a pauta no Dia da Família. Eu, por outro lado, já não sou tão focada assim e não faço anotações para me lembrar depois. Logo, tenho menos "reclamações" do que ele, o que não é justo, não é? Isso me diverte, pois é uma situação que termina sendo motivo de risadas entre nós, afinal, eu me esqueço de anotar e ele sempre "ganha" no quesito "eu erro menos".

Curiosamente, anotações nos tiram de situações de briga na hora da raiva. Existe uma chance muito maior de discutirmos quando estamos com os sentimentos à flor da pele do que quando estamos em um restaurante, servidos por uma comida deliciosa e com o sangue frio. Dessa forma, anotando pontos específicos e levando-os para a conversa, os problemas serão tratados de maneira mais leve em uma situação de paz. Estabeleça esse dia na sua casa e cinquenta por cento dos seus problemas serão resolvidos, ou até mais que isso. Você quer filhos saudáveis? Coloque seu cônjuge em primeiro lugar e cuide do seu casamento. Eles agradecerão! A maior parte dos problemas que as crianças enfrentam é fruto de lares desestruturados.

Namorar é bom!

Em Provérbios 5.18-19 lemos: "Seja bendito o seu manancial, e alegre-se com a mulher da sua mocidade, corça amorosa e gazela graciosa. Que os seios dela saciem você em todo o tempo; embriague-se sempre com as suas carícias". Sim, namorar é ótimo! É uma verdade que pode parecer óbvia, mas para algumas pessoas não é. Com o estresse do cotidiano, a correria, noites mal dormidas, preocupações da maternidade e o peso na consciência por deixar os filhos com alguém para sair com o maridão, esquecemos o quão maravilhoso esse momento realmente é. Lembro de quando meu filho Matheus era bebê, e a minha sogra ficou com ele para que eu e meu marido tivéssemos um jantar a dois. Meu coração ficou apertadinho por deixá-lo sozinho, porém, quando estávamos só eu e ele, pensei: "Nossa, tinha me esquecido de como é bom sair para namorar".

Pare um pouco e lembre de quando você e seu marido ainda não eram casados ou não tinham filhos. Você provavelmente tinha tempo para se arrumar, pensar no perfume que usaria, na maquiagem que faria, no cabelo, e em todos esses detalhes que a maternidade pode nos fazer esquecer (mas não depois deste capítulo, ok?). Precisamos continuar namorando, mesmo depois que a família crescer. Você se tornou mãe, mas não deixou de ser esposa. Nossos filhos precisam de nossa atenção, porém nosso casamento também. Aliás, nossas crianças, e mesmo adolescentes, estarão mais felizes com os pais unidos, pois isso traz segurança e oferece a eles uma linda referência de vida a dois. Quanto antes seus pequenos entenderem que os pais deles têm um tempo como casal, menos se sentirão excluídos quando vocês saírem sozinhos, pois saberão que isso faz parte da rotina de uma família feliz.

Abrace as mudanças necessárias

Provérbios 4.26 diz: "Faça plana a vereda de seus pés, para que todos os seus caminhos sejam retos". Esse versículo fala sobre a importância de pararmos para analisar onde colocaremos os nossos pés ou em que lugar eles estão agora. E isso está relacionado com a maternidade porque, principalmente para casais que passaram anos sem filhos, adaptar-se a uma nova rotina é bem difícil. Muitos sofrem, pois tentam manter a casa do jeito que era antes das crianças. Isso é possível? Sim. Vai dar dor de cabeça? Com certeza, a menos que você tenha muitas empregadas e babás. Entretanto, como base, usarei a minha realidade: uma mãe sem babá e com uma faxineira que vem em casa uma vez por semana.

Filhos exigirão novas prioridades, mas isso não significa que o casamento precisa ficar em segundo plano. Na verdade, isso significa que será necessário abraçar uma nova rotina, uma nova agenda ou, quem sabe, uma nova decoração na casa. Talvez, na

— Capítulo 9 —

montagem desse novo cronograma, você tenha de fazer pequenas mudanças. Por exemplo: posso manter o tapete da sala, com filhos no período de desfralde? Sim, mas eu posso adiantar a você que essa não seria uma decisão tão sábia, uma vez que precisará limpar esse tapete quando o xixi ou cocô escapar. Então, sugiro retirar o tapete antes de iniciar essa etapa. A casa pode não ficar tão linda quanto antes, mas você terá mais paz, posso garantir!

Filhos exigirão novas prioridades, mas isso não significa que o casamento precisa ficar em segundo plano.

Pense, agora, em pequenas alterações em seu lar ou na sua rotina que deixarão sua vida mais leve e, ao fim do dia, lhe farão mais feliz. Você terá muitas escolhas a fazer: investir em uma máquina de lavar louça ou investir em roupas que não amassem? Acredite quando digo que isso faz bastante diferença! É mesmo necessário passar ferro nas toalhas e lençóis? As crianças dormirão na hora que desejarem ou na hora que você mandar? Existem muitas possibilidades, mas cuidado com as ideias doidas quanto à educação de filhos. Talvez a mudança que você precisa seja relacionada ao entendimento sobre como formá-los como pessoas. Por isso, fique com a Bíblia e descarte qualquer ideia contrária a ela, para o seu próprio bem, de seu filho e de seu casamento.

Marcar o dia do sexo não é errado

Já entendemos que namorar é bom e que mudanças acontecem e são necessárias. Agora, precisamos compreender que, depois dos filhos, muitas vezes é necessário agendar o dia do sexo para que nada possa roubar esse momento de intimidade do casal.

— Capítulo 9 —

Para um solteiro, pode parecer surreal ter de programar a noite de intimidade, mas quem tem filhos sabe o quanto isso pode ajudar. O sexo é importante, mas temos de fazê-lo sem vontade? Minha resposta é: "sim e não". Calma, vou explicar!

Muitas vezes, o desejo aparece nas preliminares. Então, podemos fazer sexo sem que o desejo exista previamente, porque na hora H, ele surgirá. Além disso, a correria diária pode roubar a beleza da relação sexual para o casal. O ato sexual aproxima, une, e foi algo que Deus criou para o casamento. Teremos isso apenas aqui na Terra, mas é engraçado como o Diabo faz de tudo para que nos relacionemos sexualmente antes de nos casarmos e para que não o façamos depois. Se a falta de sexo não é uma realidade em sua vida conjugal, que bom! Contudo, infelizmente, é a realidade de muitos lares que conheço, por falta de aconselhamento pastoral.

Agora, voltemos à mesma pergunta, levando em consideração outra situação: temos de fazer sexo sem vontade? Quando essa ausência de vontade é fruto de brigas, desrespeitos e conflitos entre o casal, a resposta é não. A relação conjugal não pode ser forçada, mas pode ser intencional. Se o marido desrespeita a mulher, a trata mal e, à noite, quer que ela esteja linda e disponível, ele é egoísta e está pecando. Esse mesmo homem deve pedir perdão, se reconciliar com sua esposa e ter uma boa conversa de alinhamento. O sexo não deve ser usado para barganhar, apagar brigas ou consertar o casamento, mas deve ser a consequência de uma relação saudável. Não quero entrar no mérito das causas da falta de desejo sexual dentro do matrimônio, mas devo alertá-la sobre a importância de também investigar essa ausência: será apenas cansaço ou algum problema além disso? Procure saber e, se necessário, procure um médico ou aconselhamento conjugal.

A vida está corrida? Vocês ficam sem tempo para namorar? Sempre vão para a cama muito tarde, mas vocês sabem o quanto se amam e desejam ter tempo juntos? Então, separem momentos para vocês. Coloquem na agenda a noite do namoro com direito a pacote completo, e invistam nela desde a parte da manhã, com recadinhos carinhosos durante o dia, um jantar especial, seja em casa ou em um restaurante, um "vale-*night*", levando as crianças para a casa dos avós ou uma ida para cama mais cedo. Contudo, atenção para um detalhe importante: não se esqueçam de trancar a porta do quarto, pois ninguém quer uma criança traumatizada porque os pais foram descuidados.

Viajar sem os filhos não é errado

Vocês estão preparadas para essa verdade? Conheço muitas mães que, depois que tiveram filhos, nunca mais saíram sozinhas com seus maridos. Isso não é saudável para o casamento. Na realidade, os dois extremos são perigosos: casais que nunca saem ou viajam sem os filhos, ou aqueles que só fazem isso sem eles. O sábio Salomão disse que há tempo para tudo (cf. Eclesiastes 3.1). Por isso, é necessário entender que é saudável ter um tempo para viajar apenas como casal, bem como um momento para levar também os filhos.

Em nossa casa, separamos as férias em que vamos todos juntos e uma viagem somente para mim e o Lucas. Isso mostra para nossos filhos a importância da família e também do casamento. Lembro da comemoração dos nossos dez anos de casados, em que

**Você quer filhos saudáveis?
Coloque seu cônjuge em
primeiro lugar e cuide do
seu casamento.**

meu marido me fez uma surpresa e me levou para Paris. Foi lindo e muito especial, mas o que me chamou a atenção foi o fato de o Lucas ter convidado nosso filho, Matheus, para preparar esse presente. Ele não me contou de jeito nenhum, e ajudou o pai com o roteiro da viagem, viu as passagens e reservou os passeios. Quando voltei da França, ele me disse: "Mamãe, quando eu fizer dez anos de casado, vou levar minha esposa para Paris e Barcelona!". Ele planejou uma viagem que não participaria, mas isso o fez pensar no que faria com a esposa dele quando completassem dez anos de casado. Lindo, não é? Portanto, deixe seus filhos perceberem o quanto é preciso ter tempo entre o casal, mas também com toda a família.

> *Precisamos entender que, antes de sermos mães, somos esposas.*

Mamães, precisamos entender que, antes de sermos mães, somos esposas. Um dia, nossas crianças crescerão, sairão de casa e quem permanecerá é o nosso esposo. O que seremos quando nossos filhos forem embora? Duas pessoas que dividem a mesma casa, mas que mal se conhecem? Ou um marido e esposa que sofreram com a partida dos filhos, mas que também ficaram felizes por terem uma nova fase linda para curtirem um ao outro? Que possamos oferecer o melhor de nós ao nosso casamento, assim como oferecemos aos nossos meninos e meninas.

Oração:

Querido Deus, muito obrigada porque o Senhor caminha conosco todos os dias. Obrigada por sempre nos confortar e confrontar com a Sua Palavra, Seu amor e por nos ensinar a amar sem reservas. Agradeço por nos ajudar a lidar com o nosso egoísmo e nos ensinar a beleza de nos doarmos em amor. Peço que o Senhor venha com a Sua benção sobre os casamentos e derrame uma porção nova de sabedoria sobre todas as Suas filhas. Faze-nos mulheres sábias que edificam as nossas casas, afastando toda insensatez de nossas mentes e atitudes. Que a Sua alegria inunde os nossos corações para que possamos sempre experimentar a Sua boa, perfeita e agradável vontade em nossos relacionamentos e na vida dos nossos filhos. Em nome de Jesus, amém!

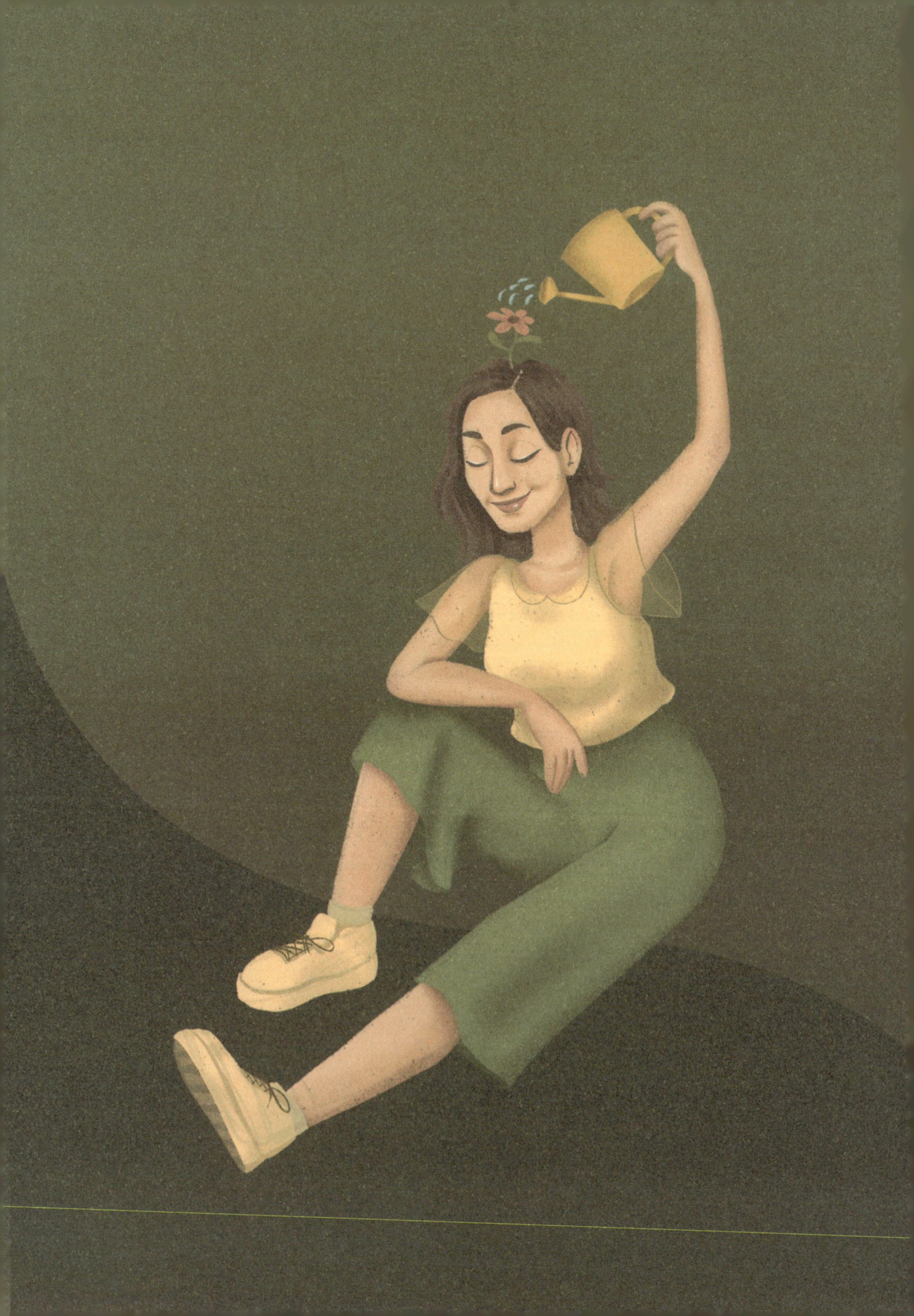

Capítulo 10

Ser mãe também é cuidar de si

Por Paulinha Leonardo

LEIA: 1 PEDRO 3.3-4

Antes mesmo de nos tornarmos mães, a vida parece ser uma loucura em alguns dias. Temos inúmeros compromissos: trabalho, estudo, igreja, encontro com amigas, organização e limpeza da casa, além de buscarmos momentos de autocuidado. Nem sequer imaginamos como conseguiremos tempo para incluir um bebê em nossa rotina tão programada. Não fazemos ideia de como os dias podem mudar, apesar de ouvirmos de todos à nossa volta que, quando uma criança chega, tudo se transforma, e que o planejamento será em função dela.

— Capítulo 10 —

Em 2016, meu marido, Deive, e eu oramos e decidimos iniciar a fase de tentativas para engravidar. No ano seguinte, em abril, descobrimos a gestação e, com ela, experimentamos muita alegria, emoção e expectativa até sabermos se Deus nos presentearia com um menino ou uma menina. A confirmação veio meses depois: nós teríamos um príncipe, e o chamamos de João Leonardo. Graças a Deus, minha primeira gravidez foi muito tranquila, por isso, pude continuar viajando com o meu esposo e cumprindo nossa agenda. Não sofri com enjoos e vivia os dias como se nada estivesse acontecendo. A rotina era ditada conforme a programação de viagens e, a partir dela, eu buscava seguir o ritmo normal que tínhamos antes do bebê. Bem, isso permaneceu até o dia em que o nosso filho nasceu.

A partir de dezembro de 2017, minha vida mudou completamente. As atividades estabelecidas ficaram uma bagunça, a carga horária de trabalho se tornou extensa, meu sono quase não existia mais, e todos os afazeres da casa eram realizados quando meu marido ou algum parente estava por perto, pois nosso filho não tirava sonecas diurnas e precisava de alguém para ficar com ele. Eu vivia em função do João, mas consegui manter uma coisa em minha agenda: as visitas ao salão de beleza uma vez por semana. E isso me fazia sentir viva. Muitas mães podem pensar que o ato de cuidar de si está ligado apenas à vaidade ou, até mesmo, ao dinheiro. Contudo, como alguém que tem três filhos, posso garantir que, para uma mãe, esse tempo está mais conectado à saúde psicológica do que somente a questões estéticas e materiais. Afinal, não precisamos necessariamente ir a um estabelecimento para termos um momento de beleza. Experimente simplesmente sair de casa, e perceba como isso lhe fará um bem incontestável. Você se sentirá mais leve, feliz, e menos estressada.

— Capítulo 10 —

Sejamos sinceras: o primeiro ano do bebê é o mais cansativo. Eu não parei de trabalhar quando nosso filho nasceu, porque essa não era uma opção disponível na época. Então, por um ano, viajamos juntos, cumprindo a agenda de ministrações. Durante esse tempo, era eu quem fazia nossas malas (que, com um recém-nascido, ficaram ainda maiores). Além disso, eu também organizava nossos compromissos e ainda realizava todo o atendimento de convites por telefone. Ou seja, nesse período, eu dormia, mais ou menos, de quatro a cinco horas por noite, com intervalos para amamentar.

Não me lembro de reclamar um dia sequer do ritmo que minha vida estava tomando. Quando iniciamos o embalo de um novo ciclo, é quase normal não percebermos o quão esgotadas estamos. Por isso, sempre procurei meios para cuidar de mim mesma, ainda que tivesse pouco tempo e precisasse levar meu filho ao salão de beleza comigo, pois ele não ficava com outra pessoa. Um dos motivos disso era o fato de que o João só mamava leite materno e nunca aceitou mamadeira. Então, imagine que "fiquei presa" ao meu bebê por um ano e sete meses, até conseguirmos fazer o desmame. Por conta de todas essas demandas da maternidade, achei necessário ir ao salão, mesmo com ele. Quando ia, sentia-me bonita e ainda economizava algumas horas em casa, não precisando secar o cabelo após o banho.

Outro ponto que intensifica a importância de termos esse tempo de autocuidado é que, como mulheres, possuímos uma necessidade de deixar tudo organizado. Não temos tempo para esperar aqueles cinco minutos a mais que o marido precisa para executar uma tarefa que faríamos imediatamente e, assim, nos

— Capítulo 10 —

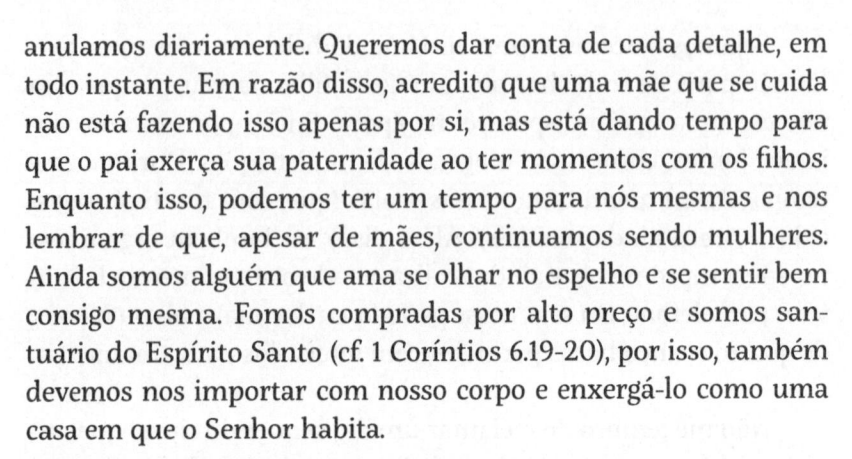

anulamos diariamente. Queremos dar conta de cada detalhe, em todo instante. Em razão disso, acredito que uma mãe que se cuida não está fazendo isso apenas por si, mas está dando tempo para que o pai exerça sua paternidade ao ter momentos com os filhos. Enquanto isso, podemos ter um tempo para nós mesmas e nos lembrar de que, apesar de mães, continuamos sendo mulheres. Ainda somos alguém que ama se olhar no espelho e se sentir bem consigo mesma. Fomos compradas por alto preço e somos santuário do Espírito Santo (cf. 1 Coríntios 6.19-20), por isso, também devemos nos importar com nosso corpo e enxergá-lo como uma casa em que o Senhor habita.

Talvez você não consiga ir ao salão, mas ainda pode acordar, vestir uma roupa linda, e passar um corretivo no rosto, mesmo que seja para ficar em casa. Falo isso por experiência própria: se eu não usar um pouco de maquiagem, evito me olhar no espelho. Somos mulheres de verdade, sabemos o que nos faz bem e o que não contribui para elevar nossa autoestima. Por isso, acho injusto que alguém nos julgue por querermos nos sentir bem, principalmente quando as críticas vêm de outras mães, que estão familiarizadas com o dia a dia da maternidade.

> *Fomos compradas por alto preço e somos santuário do Espírito Santo. Por isso, também devemos cuidar de nosso corpo e vê-lo como a habitação do Senhor.*

Nosso próprio coração, no entanto, pode ser um obstáculo para o desenvolvimento do senso de autocuidado. Se eu, por exemplo, negligencio a atenção com a minha aparência ou mesmo com meu interior, e outra mãe, conhecida pessoalmente ou pela *internet*, dedica-se a isso de alguma maneira, posso inventar mil motivos pelos

— Capítulo 10 —

quais ela consegue e eu não. É provável, até mesmo, que eu diminua sua maternidade por ela conseguir fazer coisas que, para mim, parecem ser impossíveis. O fato é que, como um instinto, procuramos cuidar mais dos outros do que de nós mesmas. E quando vemos mulheres que colocam a si mesmas como prioridade, as julgamos como egoístas, mas somente porque nossos esforços estão focados apenas em nosso próximo, e não em tratar o nosso próprio coração (cf. Provérbios 31.30).

Entendo muito bem sobre a rotina de uma mãe. Sei o quanto é difícil e desafiador conseguirmos renunciar a muitas atividades em prol de algo que seja focado em nós. Entretanto, também aprendi que existe um tempo determinado para todas as coisas (cf. Eclesiastes 3.1). Dediquei-me muito aos meus filhos no primeiro ano de vida deles. No entanto, a partir do segundo ano, precisei sair da comodidade e encarar outros projetos, que iam além do cuidado com a beleza exterior: tive de me abrir para aqueles que tratariam meu coração. Por um lado, era necessário que eu lidasse com o sentimento de inutilidade, pois, às vezes, acabamos acreditando nele, já que estamos sendo "apenas" mães. Por outro lado, existiam sonhos dentro de mim desde antes dos meus filhos nascerem. Comecei a realizar alguns deles, os quais me tiraram do espaço que eu julgava ser mais conveniente. Eles me fizeram pensar se realmente eu queria aquilo, uma vez que teria de sair da minha zona de conforto, que, naquele momento, era a própria maternidade.

> *No entanto, nosso próprio coração pode ser um obstáculo para o desenvolvimento do senso de autocuidado.*

A vida materna é um misto de sentimentos, e é preciso muita atenção para vivê-la. Nesse processo, existe uma linha tênue entre

— Capítulo 10 —

cuidar de si, exagerar nesses cuidados, e simplesmente ignorá-los. Por isso é tão importante estarmos alinhadas com Deus, permitindo que Ele proteja nosso coração e alma, nos dando a certeza de que o essencial é a beleza de um espírito manso cultivado sob Seus parâmetros (cf. 1 Pedro 3.3-4).

Diante disso, cuidar do seu interior também é indispensável. Se você estiver com seu coração no Senhor, tenha convicção de que viverá com leveza não somente a maternidade, mas a espera por ela. Em meu caso, passei por um período de expectativa para que a minha segunda gestação acontecesse, e sei o quanto isso mexe com nosso psicológico. Antes de engravidar do Noah, tive um aborto espontâneo e, graças a Deus, eu e meu marido vencemos essa fase. Logo após isso, o Senhor nos agraciou com nosso segundo príncipe, então, decidimos engravidar pela terceira vez. João e Noah foram planejados, mas em nenhuma das tentativas fui tão intencional quanto na terceira gestação. Eu acompanhava todas as informações e etapas através de um aplicativo que identificava os dias férteis, quando tinha maior e menor probabilidade de engravidar.

Nessa época, comecei a me enganar. Passei quase metade de um ano aparentando estar bem quando, a cada mês, o exame da farmácia dava negativo. Fingia não ter ansiedade, mas meu armário estava cheio de testes rápidos de gravidez. Até que, durante a conversa com uma amiga, em meio a tudo isso, me ouvi em terceira pessoa. Estávamos falando sobre essa espera, e eu repeti que não tinha pressa, pois confiava que Deus enviaria o bebê no tempo certo. Então, imediatamente, o Espírito Santo me fez lembrar do meu armário, o lugar em que a ansiedade se materializava. Sorrateiramente, a agitação consumiu meu coração, e eu decidi que

— Capítulo 10 —

não compraria mais nenhum teste, mas focaria em novos projetos, tentando diminuir ao máximo a minha inquietação. Como mãe, continuo totalmente dependente da soberana vontade do Senhor e não tenho domínio sobre os Seus planos para nossa família. Tenho as promessas, mas não o conhecimento sobre o tempo em que elas se cumprirão (cf. 1 Reis 8.56). Por isso, foi necessário parar e avaliar se valia a pena continuar vivendo essa espera tão intensamente. Da forma que estava acontecendo, eu buscava, na verdade, enganar meu coração e, até mesmo a Deus, em minhas orações.

Em determinados momentos, esquecemos que nosso Pai sonda e conhece todo o nosso interior (cf. Salmos 139), não é mesmo? Após perceber que me encontrava nessa situação, escolhi olhar para dentro de mim e tomei a decisão de não mais andar ansiosa, mas de entregar tudo que eu gostaria de viver, meus sonhos e qualquer outra coisa, nas mãos de Deus. Isso não me levou a engravidar no dia seguinte, tampouco fez com que a angústia que eu sentia desaparecesse de uma vez. Contudo, essa decisão reatou meu compromisso com o Senhor e me permitiu ouvir a voz do Espírito Santo. Durante os meses seguintes, eu ainda aguardava o resultado positivo no teste, porém, já não era esse o anseio que direcionava minha vida e, sim, o próprio Deus.

> *Se o seu coração estiver em Deus, tenha certeza de que você viverá levemente não apenas a maternidade, mas a espera por ela.*

Um dos sonhos que retomei a partir desse posicionamento é este que você lê agora. No meio de um turbilhão de sentimentos, decidi focar na escrita e cuidar da minha saúde para receber nosso terceiro bebê, que será uma linda menina. Com muita autoanálise, descobri que olhar somente para mim e minhas próprias forças

— Capítulo 10 —

não faz bem em períodos como a gestação. Ao buscar ao Senhor, percebi que todo esse processo me levou a estar mais perto d'Ele.

A vida materna é, de fato, delicada, e nela precisamos de muito equilíbrio, o qual não encontrei em outro lugar senão conversando com o meu Pai. Quantas vezes me vi cansada, sem conseguir dividir as tarefas, porém, sem coragem para parar. Sabemos que algumas funções na maternidade são exclusivas da mãe e, infelizmente, a sociedade, a família e até a *internet* colocam inúmeros outros pesos, que não nos pertencem, para carregarmos. Estamos juntas nesse mar imenso que é a criação dos nossos filhos. Talvez você ainda esteja na beira da praia, aproveitando a brisa suave e planejando muitas coisas maravilhosas para viver com seu bebê, assim como eu me encontro nesta terceira gestação. Mas pode ser, também, que você esteja entrando assustada nesse mar, porque mesmo que muitas pessoas nos avisem dos momentos difíceis, acreditamos que será diferente conosco.

O que posso lhe dizer é que, ao mesmo tempo em que enfrenta as dificuldades da maternidade, você se lembrará de que as mulheres que lhe alertaram sobre os momentos difíceis saíram desse mar, sobreviveram e, na maioria das vezes, fariam tudo outra vez. Talvez minhas experiências possam acalmá-la. Estou entrando nessa realidade pela terceira vez; ou melhor, ainda não saí dela e, provavelmente, nunca mais sairei. Entenda que cada momento lhe mostrará algo novo. Virão desafios, alegrias, tensões, a dor do desmame e do primeiro dia na escolinha, a saudade quando o filho estiver na casa da vovó, e o alívio também. Portanto, não se culpe e nem se cobre tanto. Seja você mesma e viva sua maternidade perto de Jesus, para que possa caminhar de forma leve, enquanto ouve a voz do Espírito Santo guiando cada uma das suas atitudes.

*Lembre-se que uma mãe que
se importa com si mesma,
não está cuidando apenas
de si, afinal, o seu bem-estar
afeta positivamente a todos
que estão ao seu redor.*

— Capítulo 10 —

Lembre-se de que uma mãe que se importa consigo não está cuidando apenas de si. Afinal, o seu bem-estar afeta positivamente a todos que estão ao seu redor. Após longos três anos sem sair uma única vez sozinha com meu marido, criamos coragem e deixamos nossos filhos com os avós para fazermos uma viagem a sós. O que dissemos a eles, foi: "João e Noah, a mamãe e o papai estão indo viajar sem vocês porque precisamos de um tempinho para nós. Se estivermos bem, vocês também estarão". Nosso lar é onde o coração da criança se forma. Como filhos, entendemos a importância de ver nossos pais felizes. Então, devemos nos atentar a isso dentro de nossos casamentos. Às vezes, nosso escape será sair por apenas uma hora, e isso já será muito significativo para a nossa relação.

Absolutamente nada do que estamos conversando neste capítulo está associado ao dinheiro ou à necessidade de ter certa condição financeira para buscar algum cuidado estético. Mas significa entregar o seu melhor por você mesma, compreendendo que isso refletirá em sua casa. Pense em dar atenção à sua mente, ler um livro e fazer outras atividades que goste. Quando não houver tempo, em algumas ocasiões, lembre-se de que essa é apenas uma fase e que, em breve, você poderá retomar as atividades que fazia antes do bebê nascer. Use os momentos no exercício de sua maternidade para buscar a Deus, quando estiver amamentando seu bebê, por exemplo, ou ao acordar na madrugada. Mesmo sendo tão cansativo, louve a Ele pela oportunidade de ter seu filho consigo, ambos saudáveis e seguros. Ao conectar o autocuidado com a prática de permitir que o Senhor transforme sua alma, você entenderá que nada supera um coração tratado, equilibrado e seguro em Deus. Você também aproveitará as situações para cuidar de si mesma e, assim, será capaz de amar ainda mais sua família.

Oração:

Deus, quero agradecê-lO, pois até aqui tens cuidado de mim. Mesmo em meio à minha ansiedade e à insegurança de meu coração, o Senhor continua aqui. Obrigada por todo o Seu amor, Paizinho. Peço que faças morada em meu coração novamente e transformes o que for necessário. Que eu aprenda que o autocuidado é, também, uma extensão do Seu amor por mim. Que eu tenha paciência para viver o processo de cura, para que possa testemunhar tudo o que o Senhor já fez e ainda fará em minha vida. Eu O amo e peço tudo isso em nome de Jesus. Amém!

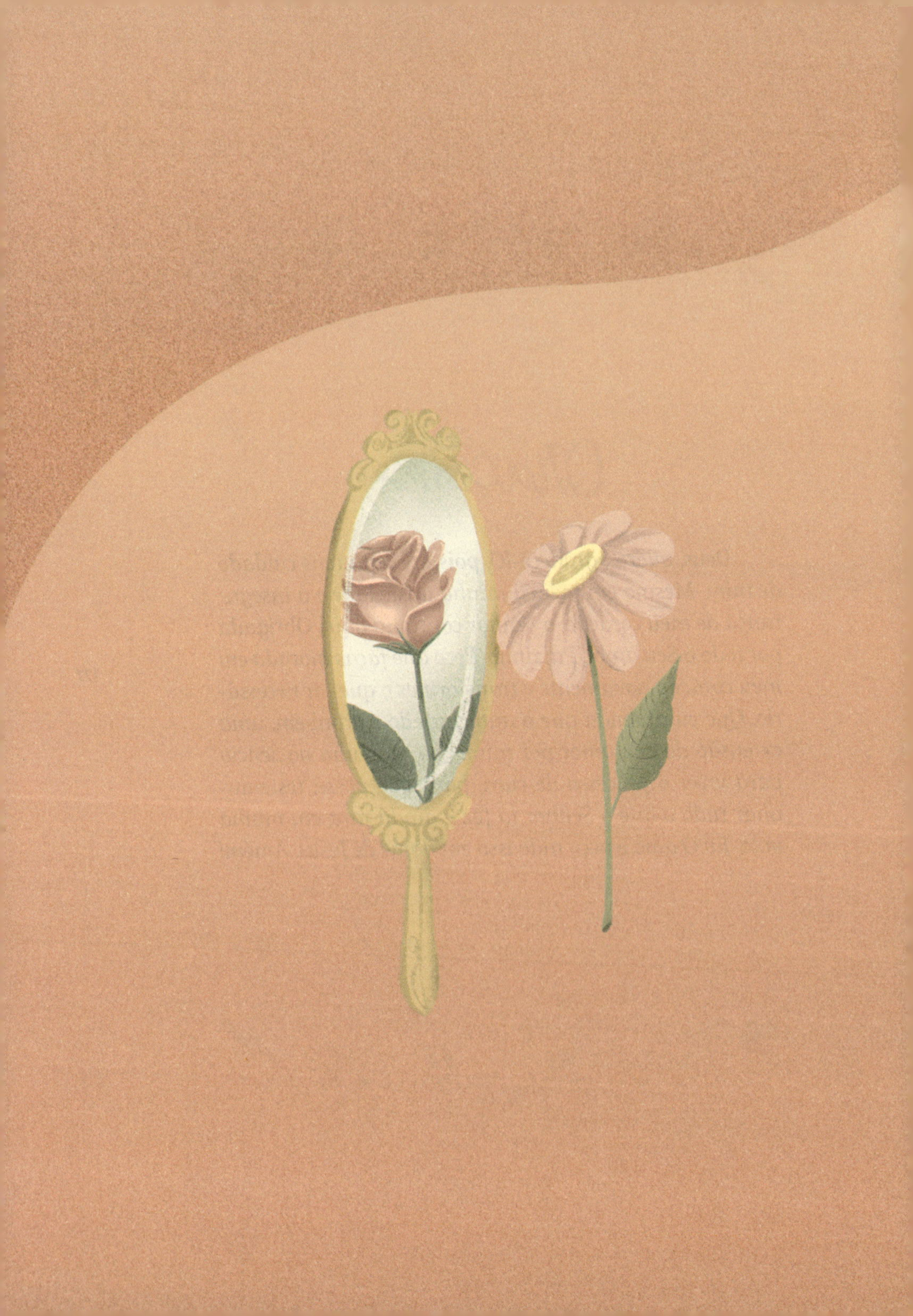

Capítulo 11

Comparação

Por Ester Lara

LEIA: ÊXODO 2; 6.20; NÚMEROS 26.59

Frequentemente, ouço mães dizendo que estão enredadas nessa problemática da comparação. Especialmente no tempo em que vivemos, a *internet* nos permite, através de um clique, estar dentro de inúmeras casas, e ainda ver as diversas maneiras que as pessoas criam e se relacionam com os seus filhos. É certo que uma exposição tão íntima e recorrente se desdobra em efeitos colaterais de forma muito rápida.

Portanto, o meu desejo com este capítulo é que reflitamos um pouco sobre como isso pode ser um inimigo da maternidade. São

— Capítulo 11 —

incontáveis psicólogas, pastoras, pedagogas, mães e até mesmo mulheres que não têm filhos nos dizendo como devemos conduzir a criação das nossas crianças. Diante de tantos palpites, por muitos dias, me senti perdida sem saber para onde direcionar minha família. Você também já se viu angustiada por essas questões?

Quero, então, compartilhar como a maternidade entrou em minha vida, e o quanto a comparação fez parte da minha trajetória. O processo de cura, restauração e libertação foi e continua sendo intenso em mim. Escrever estas palavras para você é mais um patamar que resolvo subir e vencer em minha própria caminhada. Saiba que redijo essas linhas com olhos marejados e coração apertado, porque ao ser convidada para este projeto e descobrir as mulheres que participariam deste livro, logo pensei: "Eu, Jesus?". Entretanto, como em tantos outros momentos da minha história, mais uma vez Sua doce voz me lembrou do texto de Jeremias 1.4-10:

> A palavra do Senhor veio a mim, dizendo: "Antes de formá-lo no ventre materno, eu já o conhecia; e, antes de você nascer, Eu o consagrei e constituí profeta às nações". Então eu disse: — Ah! Senhor Deus! Eis que não sei falar, porque não passo de uma criança. Mas o Senhor me disse: "Não diga: 'Não passo de uma criança'. Porque a todos a quem Eu o enviar, você irá; e tudo o que Eu lhe ordenar, você falará. Não tenha medo de ninguém, porque Eu estou com você para livrá-lo", diz o Senhor. Depois, o Senhor estendeu a mão e tocou na minha boca. E o Senhor me disse: "Eis que ponho as Minhas palavras na sua boca. Veja! Hoje Eu o constituo sobre as nações e sobre os reinos, para arrancar e derrubar, para destruir e arruinar, e também para edificar e plantar".

Desde quando eu era muito nova, sonhei em construir uma família e ter muitos filhos. Fui criada em um lar pastoral com

— Capítulo 11 —

três irmãos, e nossa casa sempre foi cercada por diversas pessoas. Contudo, como toda moça solteira que vive dentro da igreja, estabeleci muitos padrões e expectativas de como deveria ser meu futuro. Aos vinte e um anos, conheci meu marido. Um jovem de vinte e quatro, apaixonado por Jesus, que estava sendo treinado para exercer o ministério pastoral. Em apenas sete meses de relacionamento, nos casamos e resolvemos responder ao chamado do Senhor em nossas vidas, sabendo que Deus havia nos escolhido para um tempo como aquele (cf. Ester 4.14).

Lembro que, no período em que nos casamos, tínhamos longas conversas sobre como seriam nossos filhos e os valores que alicerçaríamos em nossa casa. Fui uma criança e adolescente apaixonada por Jesus e muito intensa e, ao pensar em minha família, tinha certeza de que colheria aquilo que havia plantado. No entanto, muitas vezes, nossa mente humana e carnal tem dificuldade em compreender os processos de Deus e os tempos que Ele tem para nós.

Após exatos onze meses de casada, eu estava em um encontro de crianças em nossa igreja local, quando me deparei com uma menina de onze anos que corria para o banheiro e passava muito mal. Fui logo atrás dela, e a tristeza em seus olhos me chamou atenção. Apesar de trabalhar como psicóloga social há muito tempo, aquele dia me marcou de uma forma diferente. Passei a madrugada pensando nas coisas que havia escutado, e decidi ir até o lugar onde ela morava. Ao chegar lá, me vi diante de uma cena inesquecível: cinco crianças ao redor de uma avó que estava com problemas de saúde e dores constantes. Uma delas tinha um diagnóstico de câncer, e a mãe, além de adoecida, estava envolvida em um contexto tão pesado de uso de drogas que vivia nas ruas.

— Capítulo 11 —

Os meses foram passando e, como casal, meu marido e eu decidimos responder a um chamado de Deus e ser um apoio para aquela família. Não imaginávamos como tudo seria e nem o que nos esperava, mas renunciamos ao nosso conforto e seguimos adiante. Após um tempo comprometidos com esse propósito, a mãe das crianças me procurou dizendo que não havia mais como cuidar da caçula, e que ela teria de ser adotada por nós. Não consigo explicar o misto de sentimentos que tomou meu coração naquele momento. A maternidade chegou até mim de uma maneira que nunca imaginei. Meus conflitos e medos eram intensos.

Maria Eduarda era nossa filha a partir daquele dia, um bebê de um ano e seis meses que, apesar da pouca idade, já carregava muitas marcas e crises emocionais. Continuamos a lutar bravamente em favor dessa família e, após um ano da chegada da Dudinha em nossa casa, o Senhor levou para Si sua mãe. Isso nos deixou com muitos questionamentos sobre como seria o futuro das outras quatro crianças. Elas permaneceram um tempo com a avó materna, e Deus arquitetou mais três casais que se somaram a nós nesse incrível desafio de cuidar, amar e auxiliá-las. Assim, cada uma delas recebeu um novo lar. Nesse mesmo período, fui presenteada com a gestação do Bernardo. Um novo filho viria, e mais perguntas e comparações cercavam meu coração, pois minha família não estava nascendo da forma que eu tinha planejado.

Pouco depois de um ano nessa situação, outro acontecimento inesperado nos sobreveio. Essa vovó tão querida por todos nós, que antes já reclamava de suas dores emocionais e físicas, infelizmente havia descoberto um tumor maligno.. Não passou muito

— Capítulo 11 —

tempo e ela também se foi. Naquele dia, ganhei outra filha. Ana Clara, a menina que conheci no encontro de crianças, era tímida e de poucas palavras, mas com muitas dores emocionais oriundas de sua história. Com quatorze anos, ainda não havia experimentado o que era, de fato, ter uma família como Deus planejou e Cristo prometeu quando ensinou sobre uma vida abundante (cf. João 10.10).

No meio de tudo isso, eu me via como uma jovem, cheia de sonhos e idealizações, que não sabia nada sobre o que realmente era ser mãe. Sempre que eu entrava nas redes sociais, encontrava uma nova maneira de me comparar. Em diversos momentos, meu marido tentou, por exemplo, conversar comigo e me alertar sobre alguns pontos em que eu precisava crescer. Contudo, em vez de aproveitar aquilo como combustível para me desenvolver (o que era a intenção dele), eu entrava em crises profundas de comparação com aquelas mulheres lindas e "perfeitas", com as quais eu, diariamente, estava em contato.

Não sei se você tem dimensão das implicações disso, ou se entende o motivo de eu contar minha história, uma vez que ela é tão específica. No entanto, com meu relato, minha intenção é lembrá-la de que cada uma de nós terá a sua própria trajetória. Não existe um modelo pré-definido de maternidade saudável e leve. Demorou muito tempo para que eu compreendesse que nossa casa não era como as minhas idealizações, mas que, ainda assim, era o exato plano de Deus em minha vida. Eu devia cumprir uma linda jornada nesta Terra e ser voz de esperança para toda uma geração.

Quero, agora, conectar minha experiência a mais um ponto, e avançar com você para o objetivo deste capítulo. Ao olharmos para

— Capítulo 11 —

as Escrituras Sagradas, nos deparamos com relatos que fugiram dos moldes "normais". Entretanto, eles têm em comum o fato de cumprirem com um mesmo objetivo: revelar e exaltar a Cristo. Poderíamos meditar em muitas situações inusitadas, controversas e improváveis, nas quais a graça divina se manifestou e produziu luz em meio à escuridão, resolução para o caos, e vida diante da morte. Porém, escolhi uma em especial para ilustrar e ministrar a você, cara leitora.

Há uma mulher na Bíblia, talvez pouco mencionada, que nos mostra a importância e grandiosidade das escolhas. O nome dela é Joquebede, mãe biológica de Moisés. Sua história, apesar de curta, tem grande impacto e influência em toda narrativa bíblica por meio de seu filho. Se pensarmos no fato de que, muito provavelmente, ele foi o escritor do Pentateuco, não teríamos sequer o Antigo Testamento se não fosse a existência de Joquebede. Perceba o tamanho e valor dessa mulher e de suas escolhas.

Para refrescar sua memória, ela foi a mãe que escondeu um lindo bebê por três meses e, quando não podia mais mantê-lo consigo, tomou um cesto com os devidos cuidados e precauções, colocou o menino dentro e o soltou à beira do Rio Nilo. Sabemos que, mais tarde, uma das filhas de Faraó o encontrou e, de forma incrível, Miriã, irmã de Moisés que o acompanhava de longe, aproximou-se e perguntou se a princesa desejava que aquele bebê, pelo qual estava encantada, fosse amamentado por uma mulher hebreia. A resposta foi "sim", e milagrosamente a própria Joquebede pôde criar Moisés até que ele fosse entregue à filha de Faraó, que o adotou (cf. Êxodo 2.1-10).

Tudo isso precisou ser feito por causa da cruel e injusta ordem de Faraó, que decretou que todos os meninos hebreus recém-nascidos

— Capítulo 11 —

fossem jogados no rio para morrer, com o intuito de que o povo de Israel não crescesse e nem se fortalecesse (cf. Êxodo 1.22). Que cenário terrível, complexo e desafiador, principalmente para as mães. A história de Joquebede é curta, porém muito notável, a ponto de ser mencionada junto ao seu marido em Hebreus 11.23, "simplesmente" entre os heróis da fé. Que mãe impressionante ela foi!

Essa mulher nos ensina princípios preciosos em sua trajetória, mas, certamente, um em específico salta aos meus olhos e encanta meu coração. Podemos constatar que essa mãe entendeu quem era e a importância de sua maternidade. Ela sabia o que carregava, e tinha a clareza de que salvar sua família estava em suas mãos. Da mesma maneira, talvez um ato ou escolha que pareça simples tenha o poder de mudar o destino de nossa vida e de toda uma geração. Joquebede foi capaz de lutar contra o sistema da época, que havia decretado a morte de todos os meninos recém-nascidos e, juntamente de outras duas mulheres ousadas (Sifrá e Puá, parteiras de Moisés), escondeu-o até os três meses de vida (cf. Êxodo 1.17), desobedecendo um decreto faraônico. Isso não é nada simples se olharmos o contexto histórico daquele momento, com as implicações e riscos que alguém se submetia por não seguir à risca as vontades dos tiranos.

> Às vezes, um ato ou escolha que pareça simples tem o poder de mudar o destino de nossas vidas e de toda uma geração.

Nesse sentido, não posso deixar de mencionar algo: é surpreendente refletirmos que todas as vezes em que nos dispomos a ser respostas de Deus em nossa família, Ele Se encarrega de nos cercar de pessoas para nos auxiliar nesse processo. Tais pessoas sempre nos mostram quem somos e que devemos continuar acreditando nos sonhos que temos para o nosso lar.

— Capítulo 11 —

Em uma conjuntura singular, difícil e cheia de oposição, Joquebede se torna um exemplo da mãe que precisamos ser: livres de toda comparação. Em outras palavras, qualquer que seja sua realidade e circunstância, saiba que você pode brilhar ao responder a Deus em secreto, e agir com coragem e amor para com seus filhos em público. A relevância e influência de uma mãe não está no estado econômico ou social em que ela se encontra, mas na condição de sua fé e de seu coração.

O processo de comparação nos controla quando ainda não entendemos internamente e de maneira sólida quem somos em Deus. Se o princípio da individualidade, encontrado em Romanos 12.4-5, for inexistente ou quebrado em nosso coração, jamais amaremos, acreditaremos e nos tornaremos quem devemos ser. Esse preceito pode ser visto em todos os lugares na Criação. É impossível, por exemplo, olhar para tudo que foi feito e não perceber tamanha diversidade, abundância e beleza em cada parte. Nossas diferenças e personalidades refletem claramente quem Deus é, e não só Ele as aceita e ama, mas foi Ele quem as formou, como expressão de Sua criatividade.

O pecado, no entanto, fez a individualidade ser pervertida em coletivismo (quando todos têm de ser iguais e só há lugar para uma decadente visão de igualdade) ou individualismo (quando o homem, ao se achar autossuficiente, procura se tornar um deus e criar suas próprias regras). Nisso, vemos a singularidade sendo deturpada diante de Deus.[1] Por isso, em nome dos extremos que

---

[1] JEHLE, Paul. **Ensino e aprendizagem:** uma abordagem filosófica cristã. Belo Horizonte: AECEP, 2015.

— Capítulo 11 —

foram gerados, muitos não se apropriam com amor e fé da própria identidade, e jamais vivem a plenitude de suas vidas.

Sinto claramente em meu coração o Espírito de Deus chamando muitas mães a assumirem suas particularidades e a se libertarem do medo, pressões e padrões impostos em suas mentes. Você é responsável diante do Senhor por expressar a vontade d'Ele de forma única com seus filhos, já possuindo autoridade espiritual em seu lar para edificá-lo (cf. Provérbios 14.1). No entanto, não será possível fazê-lo se estiver presa na mediocridade da comparação. É necessário lembrarmos do que a Bíblia diz acerca do cuidado de Deus ao nos criar, e nisso podemos ter a certeza de Seu amor, como está em Salmos 139.13-18:

> Pois Tu formaste o meu interior, Tu me teceste no ventre de minha mãe. Graças Te dou, visto que de modo assombrosamente maravilhoso me formaste; as Tuas obras são admiráveis, e a minha alma o sabe muito bem. Os meus ossos não Te foram encobertos, quando no oculto fui formado e entretecido como nas profundezas da terra. Os Teus olhos viram a minha substância ainda informe, e no Teu livro foram escritos todos os meus dias, cada um deles escrito e determinado, quando nem um deles ainda existia. Que preciosos para mim, ó Deus, são os Teus pensamentos! E como é grande a soma deles! Se os contasse, seriam mais do que os grãos de areia; quando acordo, ainda estou Contigo.

Com isso, quero que você perceba que é por medo da insuficiência que muitas mães passam a copiar outras. Esse sentimento mora, justamente, na escravidão da comparação, que nos leva à tentativa de nos tornar quem não somos, ou de viver com receio de não sermos o bastante. Apenas nos livrando disso e abraçando nossa essência, conseguiremos ser pessoas autênticas, sem a necessidade de performar uma maternidade que não tem a ver com nossa vida ou propósito. Você jamais será "só mais uma", pois já é única e pode ser quem Deus declarou que você é.[2]

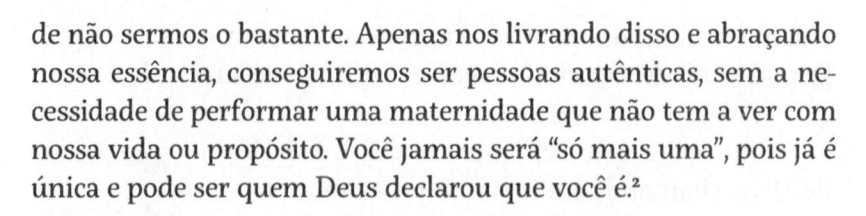

Existe algo especial em sua vida e maternidade, uma identidade verdadeira que somente você pode derramar sobre sua casa. Lembre-se de que Deus criou diferenças por toda parte e Se alegra na multiplicidade. Por isso, Seu propósito não é nos tratar como massa, mas como indivíduos. Somos feitura d'Ele (cf. Efésios 2.10), e diante dessa realidade, não faz sentido termos medo da irrelevância quanto à nossa própria vida, pois isso seria questionar a sabedoria divina. Em razão disso, sinto-me na responsabilidade de falar para você, de mãe para mãe, e com o coração cheio de amor, o que eu gostaria de ter ouvido anteriormente. Tudo o que trago nestas linhas é a expressão resumida do que desejo que você aprenda, creia e desfrute. A libertação da comparação para abraçar sua individualidade é vital para uma maternidade feliz e saudável, e todas podemos viver isso.[3]

> *O processo de comparação nos controla quando ainda não construímos internamente, e de maneira sólida, quem somos em Deus.*

Você não foi exposta aqui à minha história para, mais uma vez, se comparar. Meu desejo aqui é que você se inspire a construir

---

[2] JEHLE, Paul. **Educação por princípios:** fundamentos do currículo escolar. Belo Horizonte: AECEP, 2016.

[3] FITZPATRICK, Elyse; THOMPSON, Jessica. **Pais fracos, Deus forte:** criando filhos na graça de Deus. 2. ed. São José dos Campos: Fiel, 2015.

*Existe algo especial em sua
vida e na maternidade,
uma identidade verdadeira
que somente você pode
derramar sobre seu lar.*

— Capítulo 11 —

a sua, respondendo a Deus dentro do seu contexto e realidade. Pude contar coisas da minha intimidade, minhas crises e desafios, e também mostrei na Bíblia o poder e o valor de uma mãe que sabe quem é e que, por isso, não precisa viver em comparação. Agora, chegou sua vez de colocar em prática essas verdades. Acolha-as em seu coração, em espírito de quebrantamento e fé, e se levante em ousadia e coragem para amar sua própria jornada.

Talvez surja a dúvida: "Como posso fazer isso?". O efeito dessas verdades, no meu caso, levou-me a quatro passos práticos: aceitação, autenticidade, intencionalidade e intensidade.

1. Ao assumir radicalmente sua história, no que diz respeito às áreas, eventos e circunstâncias que não pode controlar, em vez de repudiar o presente, você pode abraçá-lo, enfrentando os desafios.

2. Passe a desfrutar da vida única que possui, rompendo com a necessidade de ser como as outras. Assim, você se tornará quem nasceu pra ser.

3. A partir daí, você precisará ser intencional na decisão de se aceitar radicalmente e de ser autêntica. Então, elimine os gatilhos que lhe fazem cair na comparação, insegurança e medo, e se conecte a ambientes, conversas e literaturas que lhe fortaleçam em sua identidade.

4. Por fim, descobri que precisamos ser intensas em nossa caminhada. Uma vez que aceitamos e decidimos nos expressar e viver de forma consciente, não podemos ser mães "de brincadeira" ou de "qualquer jeito". Por isso, entregue toda sua vida nessa linda missão da maternidade, sem medo de correr riscos e sem autopreservação, investindo nos tesouros preciosos que Deus lhe confiou.

Oração:

Pai amado, gracioso Salvador Jesus Cristo, e Amigo, Consolador Espírito Santo, lanço sobre Ti todas as minhas ansiedades (cf. 1 Pedro 5.7), questionamentos, inseguranças e feridas quanto à minha história, limitações, medos e futuro. Recebo o perdão, misericórdia e graça que emanam do Teu trono para refrigerar minha alma neste instante (cf. Salmos 23.3). Peço graça para obedecer e perdoar quem eu possa ter culpado por fracassos ou insuficiências na minha maternidade, ainda que tenham me ferido ou verdadeiramente me prejudicado. Por favor, dá-me Tua maravilhosa luz e revelação, para que eu veja e creia mais uma vez em quem Tu és e quem eu sou. Ajuda-me a me enxergar com Teus olhos e por meio de Tua opinião. Dá-me força, capacidade, sabedoria, unção e amor para encarar a maternidade sem comparação, mas com alegria e fé, de forma que meus filhos e meu lar sejam repletos de vida e paz, principalmente através de mim como um canal da Tua Presença. Lanço-me, em completa confiança, em Tua soberania e amor para orquestrar e direcionar minha casa para a plenitude de Teus planos. Guarda meus filhos, meu lar e minha vida com infinito amor e bondade. Em nome de Jesus Cristo, amém!

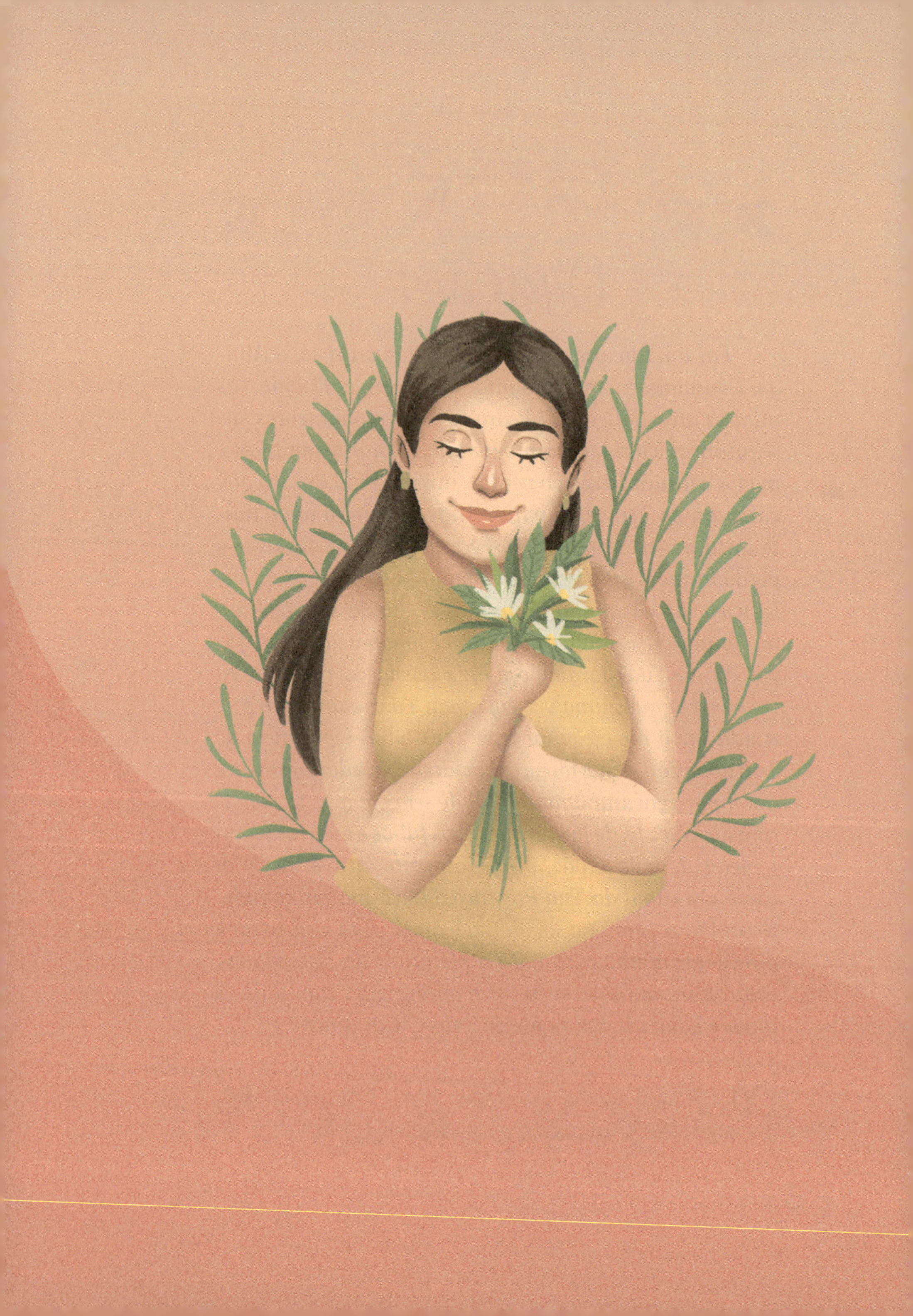

Capítulo 12

Reconhecendo a mulher que você já é

Por Julyana Caiado e Paulinha Leonardo

Julyana Caiado

Uma das coisas mais importantes que precisamos fazer quando decidimos ser mães é saber quem somos. O mundo tem distorcido a todo tempo o significado de ser mulher e a nossa singularidade em Deus. Se não pararmos por um tempinho para refletir sobre isso, nossa maternidade será mais complicada do que deveria. Quanto mais próximas estivermos daquilo que o Senhor desenhou para nós e da verdade de nossa natureza, mais descansadas e em paz estaremos. Ele nos criou de

— Capítulo 12 —

forma perfeita e com um propósito, e essa busca deve ser nosso foco também.

No entanto, encontrar o lugar de pertencimento e filiação nem sempre é fácil, pois as distrações são grandes. Muitas de nós, durante a infância ou adolescência, não recebemos e expressamos amor, identidade, proteção e feminilidade. Pelo contrário, é possível que nossa essência tenha sido ferida, distorcida e alterada, e que hoje nossas decisões acabem sendo afetadas por essas dores. Por isso, descobrir esse lugar muda tudo.

Nunca é tarde para reconhecer a mulher que você já é em Deus. Lembro-me do tempo em que estive longe do que o Senhor havia planejado para mim. Nasci filha de uma dona de casa e de um engenheiro. Ambos aprenderam com o mundo que cuidar da família deveria ser secundário, e que era necessário que eu seguisse um caminho diferente do meu exemplo materno. Meu pai sempre repetia, com a melhor intenção possível de expressar seu sonho para mim, que eu tinha de ser executiva. Essa palavra era constantemente repetida por ele, e minha mãe deixava bem claro que eu não deveria depender de homem algum. É certo que ser independente e trabalhar não desagrada a Deus, e nem me afasta do ideal desenhado por Ele. Entretanto, a pequena Julyana interpretou desde cedo, com aquelas afirmações, que deveria viver sem precisar de ajuda, dando conta de tudo. Também entendeu que relacionamentos eram descartáveis e que somente o trabalho era bom. Para meus pais, cuidar do lar podia ser terceirizado, afinal, ficar em casa parecia ser um sinal de fracasso profissional.

Quando conheci a Palavra de Deus, eu já tinha sete filhos e estava no meu terceiro casamento. Sem perceber, eu afundava

— Capítulo 12 —

uma relação atrás da outra, porque o importante era a minha felicidade, razão e objetivos. Eu pensava apenas com a lógica do "eu, meu, minha", exatamente como haviam me ensinado. O foco era minha carreira, minhas prioridades e aquilo que o mundo dizia ser importante. Ser dona de casa era pejorativo e algo que passava longe dos meus pensamentos, até o dia em que fui confrontada pelo Senhor.

Foi muito duro desconstruir as certezas que eu havia absorvido ao longo da vida. Contudo, Deus colocou em minha caminhada pessoas que, com amor, ensinaram-me como era ser essa mulher que edificava seu lar com sabedoria (cf. Provérbios 14.1). Aos poucos, passei a olhar para o que realmente importava: a minha família. Compreendi que o papel que mais causa impacto na sociedade é o de preparar, dentro do meu lar, os cidadãos que a construirão. É no interior da minha casa que o coração, o caráter e os valores dos meus filhos são formados. E se eu não estiver lá para garantir que isso aconteça, quem vai ensiná-los? A televisão, a *internet* e as escolas? Quando percebi que cuidar disso era uma tarefa minha e de meu marido, entendi, também, que a nossa presença em casa muda tudo, transforma o mundo.

Quanto mais eu conhecia essa nova mulher, mais segura e forte me tornava. Isso tem um efeito fundamental que interfere em nossas decisões todos os dias. Sempre digo em minhas palestras que, quando uma mãe precisa definir qual atitude tomar com seus filhos (se deixa ou não sair, qual castigo aplicar, o que ensinar, o que podem assistir etc.), suas escolhas dependem da história que está por trás dela. Em outras palavras, suas escolhas fundam-se

— Capítulo 12 —

na pessoa que ela era antes mesmo da maternidade existir em sua vida: suas dores, crenças, vivências e percepções do mundo. Ao descobrirmos isso, entendemos a importância de saber quem somos hoje e quem Deus nos criou para ser.

Tenho quatro filhas e sempre digo a elas que não sou exemplo de mãe, mas um modelo de mulher que desempenha muitos papéis na vida: mãe, esposa, filha, profissional, amiga. Entretanto, existe algo em comum em cada uma dessas funções: Deus.

Uma das coisas que aprendi a fazer também foi rever toda a minha vida com novos olhares. Passei a compreender meus pais, pois fiz questão de conhecer a infância deles e saber como eram meus avós. Assim, cheguei à conclusão de que o que eles me deram, com certeza, foi até mais do que receberam. Comecei a enxergar as pessoas que, de alguma forma, tinham me criado, ensinado e influenciado com o "filtro de Cristo". Isso significa que, hoje, eu busco olhá-las como Jesus: com amor, longanimidade, paciência (cf. Gálatas 5.22), sabendo que são tão imperfeitas quanto eu. Essa nova perspectiva trouxe perdão, leveza, paz e bênçãos para minha vida. Deus deseja que sejamos mulheres que têm o poder de edificar o lar (cf. Provérbios 14.1) e de ver o mundo como Ele, formando os próximos cidadãos. Então, diante de tudo isso, eu lhe pergunto: você conhece a sua história? Consegue reconhecer a mulher que você é?

Em outras palavras, suas escolhas fundam-se na pessoa que ela era antes mesmo da maternidade existir em sua vida: suas dores, crenças, vivências e percepções do mundo. Ao descobrirmos isso, entendemos a importância de saber quem somos hoje e quem Deus nos criou para ser.

Oração:

Pai, agradeço por teres me feito a mulher e mãe que o Senhor quer que eu seja. Peço que não me deixes esquecer minha verdadeira identidade e que eu ame quem estou me tornando. Ajuda-me a caminhar em minha verdadeira essência nas lutas diárias. Firma em meu coração a revelação de que não preciso de pessoas, de uma carreira ou de ocupações para ter valor, pois o Senhor já me diz quem sou. Em nome de Jesus, amém.

— Capítulo 12 —

Paulinha Leonardo

Em suas inúmeras fases, a maternidade tem o poder de fazer-nos esquecer quem somos e, no mesmo dia ou até mesmo em segundos, lembrar-nos novamente. Já vivi momentos em que me achava a supermulher: indispensável dentro de casa e importante para meus filhos, para o meu marido e, até mesmo, para mim. Contudo, por muitos dias e noites, principalmente durante o período da amamentação, senti-me inútil e não consegui enxergar o meu verdadeiro valor. Parecia que eu servia "apenas" para alimentar meu filho e organizar a casa. Conforme escrevo e me recordo dessa época, um sorriso surge em meus lábios, porque depois que tudo passa e restauramos nossa identidade, essas situações se tornam engraçadas. Como podemos ignorar o fato de que fomos desejadas?

Um dos meus versículos preferidos da Bíblia não deixa que eu me esqueça do fato de que Deus já havia me escolhido e separado para Ele antes mesmo de eu nascer (cf. Jeremias 1.5). Sei que nós, como mães, passamos por um processo doloroso de compreensão de quem somos no Senhor, até que nossos olhos se abram. Posso lhe dizer que não sou a única mulher que o atravessou, e espero que entenda que você também não é. Às vezes, nos sentimos sozinhas e insuficientes. As redes sociais, filmes e revistas, por exemplo, enganam muito bem. Por isso, não baseie o quanto você é útil e feliz pelo que vê ali. Podemos ter "tudo na mão": pessoas nos ajudando, a famosa rede de apoio dia e noite, as refeições prontinhas, filhos abençoados e um marido maravilhoso. Entretanto, as emoções que nos fazem acreditar que somos menores e incapazes não têm a ver com quem nos cerca, mas com o nosso coração. E como a Palavra de Deus, o manual perfeito, já

— Capítulo 12 —

nos alerta: "Enganoso é o coração, mais do que todas as coisas, e desesperadamente corrupto [...]" (Jeremias 17.9).

Por isso é tão importante cuidarmos de nossa alma. Realmente já temos muitas atividades, rotinas e obrigações a cumprir. Portanto, se não estivermos conectadas ao Senhor, posso falar por experiência própria que nossa vida se desenvolverá apenas em prol das necessidades, sem ânimo ou empolgação. Não teremos expectativas para o que é novo, porque estaremos presas à fadiga, tornando-nos pessoas que não veem o brilho dos dias e sentem que não têm valor. Isso seria caminhar com uma mentira, já que temos a maior das alegrias: o próprio Deus. Então, lembre-se da gratidão necessária para que você reconheça a mãe e mulher que está se tornando n'Ele, protegendo seu coração dos enganos fabricados pelo mundo exterior e por sua própria insegurança.

Também viva o seu processo e não pule etapas. Se, agora, você não pode construir uma carreira profissional, se está no momento de ser mãe e ficar em casa em tempo integral, dedicando-se apenas ao seu filho e ao lar, então faça isso de todo o coração, como se fosse a única coisa para a qual foi criada.

Deus é mesmo incrível! Enquanto terminava de escrever o parágrafo acima, recordei-me de uma experiência que vivi enquanto amamentava meu filho João, quando ainda estava grávida do Noah, nosso segundo menino. Lembro-me como se fosse ontem. Eu estava sentada na cama, alimentando meu bebê, pensando e orando: "Pai, eu tinha um sonho. Formei-me na faculdade e não continuei o processo para ser juíza, porque o Senhor nos chamou para um projeto muito melhor. Mas agora eu estou aqui, sem ter uma atuação profissional. Fico em casa dia e noite, cuido do meu filho e não consigo fazer mais nada. Para que eu nasci, Jesus? Isso é mesmo tudo que o Senhor tem para mim?"

Certamente, Deus deve ter me olhado e rido (ou chorado). Ele me entregou a maior e mais importante missão que eu poderia ter e, sendo tão gracioso, respondeu minha lamentação, acalmando meu coração e fazendo-me perceber que aquilo era tudo que Ele tinha para mim. Disse-me que eu estava criando meus filhos para as nações. Se, a partir daquele momento, eu não compreendesse a importância do que o Senhor havia me incumbido (pois Ele, evidentemente, conhece a minha capacidade), provavelmente não entenderia nunca mais, já que a mensagem foi tão clara. Naquele instante, Deus me fez recordar que meu valor vai além das coisas que eu penso sobre mim mesma. Tudo o que Ele faz é perfeito. Não se engane tentando enxergar a vida através dos olhos das outras pessoas, e não da perspectiva planejada e sonhada pelo Pai para você.

Nós somos fortes, inteligentes e falhas. A perfeição será encontrada apenas no Senhor. Temos uma referência incrível de como devemos ser e agir. Fomos feitas à imagem e semelhança de Deus (cf. Gênesis 1.26). Ele nos formou, soprou fôlego de vida em nossas narinas (cf. Gênesis 2.7) e aqui estamos, cada uma com sua missão. Portanto, não se compare, mas viva exatamente o que o Pai projetou para você. Se, mesmo sabendo que já está executando o que lhe foi entregue, você achar que parece pequena e, talvez, até inútil, faça como fiz em meu momento de frustração: pergunte ao Senhor e, com toda a Sua bondade, Ele responderá (talvez este livro seja o que você está buscando).

Esteja disponível para ouvir aquilo que vem dos Céus e para entender o quão importante você é em sua essência, e não

— Capítulo 12 —

unicamente para as pessoas que estão ao seu lado. Deus nos fez tão valiosas que testificou mais uma vez em Sua Palavra, para que, nos momentos de angústia, sofrimento e dúvidas, pudéssemos ler e reafirmar: "Mulher virtuosa, quem a achará? O seu valor muito excede o de finas joias" (Provérbios 31.10).

Portanto, se até aqui você estava se sentindo sem relevância alguma, espero que, por meio deste capítulo, possamos, ao menos, tê-la feito repensar as mentiras criadas a seu respeito. Que você possa dar liberdade ao Espírito Santo, para que Ele lhe convença de quem você verdadeiramente é e de que tudo o que você faz é de extremo valor.

Oração:

Pai, agradeço por mais um dia de vida, por ter chegado até aqui e, de alguma forma, ter ouvido a Sua voz e recebido uma resposta ou uma instrução. Eu abro meu coração para que o Senhor faça o que for necessário e cure-o para que eu enxergue o meu verdadeiro valor. Eu O amo muito, Deus, e confio que o Senhor tem o melhor para minha vida. Obrigada por sempre cuidar de mim. Em nome de Jesus, amém.

Reflexão

Reflexão

Todas as experiências que temos ao longo da vida, sejam boas ou ruins, servem para moldar o nosso caráter. Cabe a nós analisá-las não apenas para compreendermos melhor a nós mesmas, mas também para nos desenvolvermos como pessoas, seja no trabalho, na igreja ou na família. Este é um convite para que você se lembre do que lhe trouxe até aqui, sondando seu coração para entender se cresceu e amadureceu como mãe ao longo das últimas semanas ou meses. Aproveite para agradecer a Deus por esse processo e ore por novos direcionamentos, especialmente enquanto lida com os diversos desafios da maternidade.

Deixe seu *legado* ♥

Deixe seu legado

Agora, você entende que pode ser curada e ter a identidade totalmente restaurada por Deus. A melhor parte é que o aprendizado não acaba aqui, mas está apenas começando. Como mãe ou futura mãe, há muito a transmitir para a próxima geração. Portanto, chegou a hora de registrar as suas expectativas sobre a maternidade. É bem possível que você tenha muito a dizer sobre o coração de seus filhos, por isso, revele em sua escrita todos os sentimentos, sonhos e bênçãos que deseja ver sendo cumpridos tanto em sua vida como nas deles.

Demonstre seu afeto e amor expressando seu legado de transformação em uma carta nestas páginas.

Este livro foi produzido em Servus Slab 11 e impresso
pela Gráfica Promove sobre papel pólen natural 70g
para a Editora Quatro Ventos em outubro de 2023.